U0065179

心一堂術數古籍珍本叢刊

書名：增補高島易斷（原版）附虛白廬藏日本古易占五種（三）
系列：心一堂術數古籍珍本叢刊　占筮類　第三輯　245
作者：【日本】高島吞象 等、【清】王治本中譯
主編、責任編輯：陳劍聰
心一堂術數古籍珍本叢刊編校小組：陳劍聰　素聞　鄒偉才　虛白盧主　丁鑫華

出版：心一堂有限公司
通訊地址：香港九龍旺角彌敦道六一〇號荷李活商業中心十八樓〇五—〇六室
深港讀者服務中心：中國深圳市羅湖區立新路六號羅湖商業大廈負一層〇〇八室
電話號碼：(852)9027-7110
網址：publish.sunyata.cc
電郵：sunyatabook@gmail.com
網店：http://book.sunyata.cc
淘寶店地址：https://sunyata.taobao.com
微店地址：https://weidian.com/s/1212826297
臉書：https://www.facebook.com/sunyatabook
讀者論壇：http://bbs.sunyata.cc/

版次：二零二一年五月初版
平裝：八冊不分售

定價：港幣　一仟六百八十元正
　　　新台幣　六仟九百八十元正

國際書號：ISBN 978-988-8583-91-1

版權所有　翻印必究

香港發行：香港聯合書刊物流有限公司
地址：香港新界荃灣德士古道二二〇—二四八號荃灣工業中心十六樓
電話號碼：(852)2150-2100
傳真號碼：(852)2407-3062
電郵：info@suplogistics.com.hk
網址：http://www.suplogistics.com.hk

台灣發行：秀威資訊科技股份有限公司
地址：台灣台北市內湖區瑞光路七十六巷六十五號一樓
電話號碼：+886-2-2796-3638
傳真號碼：+886-2-2796-1377
網絡書店：www.bodbooks.com.tw
台灣秀威書店讀者服務中心：
地址：台灣台北市中山區松江路二〇九號一樓
電話號碼：+886-2-2518-0207
傳真號碼：+886-2-2518-0778
網絡書店：http://www.govbooks.com.tw

中國大陸發行　零售：深圳心一堂文化傳播有限公司
深圳地址：深圳市羅湖區立新路六號羅湖商業大廈負一層〇〇八室
電話號碼：(86)0755-82224934

心一堂微店二維碼

心一堂淘寶店二維碼

高島易斷

下經

利

下經　利

增補高島易斷

大日本橫濱　從五位高島嘉右衛門講述
東京　柳田幾作筆錄
清國寧波　王治本補正

周易下經

䷞ 澤山咸

上卦首乾坤。以天地爲萬化之原也。下卦首咸恒。以夫婦爲五倫之始也。天地不分不成兩儀。男女不合不成生育。故乾坤以二老對。而咸則以二少交。咸之體。亦自乾坤來。乾三索于坤得艮。艮爲少男。坤三索于乾得兌。兌爲少女。男女相感。自其性情。而二少相合。男下於女。尤感之正也。有心爲感。无心爲咸。咸皆也。卦體以山澤通氣。六爻皆應。咸和通暢。物我偕臧。此卦之所以名咸也。

咸亨。利貞。取女吉。

咸亨。亨通也。男女相合者七卦。恒是男女皆長。既濟未濟中男中女。漸歸妹以少遇長。損睢男女皆少。而女下於男。皆未若咸之亨而正也。取女吉者。婚禮自納采以至親迎。皆男下於女。六禮不備。貞女不行。關睢一篇所云。窈窕淑女。君子好逑。取女之吉。於此可見。詩註謂淑女有幽間貞靜之德。是即利貞之旨也。咸以兌澤艮山二氣相感。感而遂通。然少男少女。情好易通。得正則吉。失正則凶。故曰利貞。取女之吉。惟其貞也。

彖傳曰。咸感也。柔上而剛下。二氣感應以相與。止而說。男下女。是以亨利貞。取女吉也。天地感。而萬物化生。聖人感人心。而天下和平。觀其所感。而天地萬物

之情可見矣。

此卦以艮之少男。下兌之少女。取象於夫婦之始。婚姻之道也。柔上而剛下者。柔者婦道。剛者夫道。謂剛柔二氣。上下相感。止而說。謂閨房之事。說而不止。則悅未免流於淫。止而不說。則止或至失其歡。艮以止之。復兌以悅之。斯感得其正。則倡隨有辨。節宣有時。而有感遂通。故能亨。蓋卦體以感爲義。卦象以亨爲善。卦位則以男下女爲吉。夫取即娶也。按禮云。男子親迎。男先於女。剛柔之義也。知所謂男下女者。降男子之尊。以重親迎之禮。固非鑽隙踰墻者所可比也。故曰利貞。女下於男。夫婦之常道也。故卦取諸恒。男下於女。迎娶之始禮也。故卦取諸咸。咸者感也。剛柔之用。以氣相感。婚姻之道。以情相感。而少男少女。尤情之易感者也。以其情之易感也。而見其相說。亦以其情之易說也。而貴乎能止。蓋即艮山之靜。以制其兌澤之動也。咸利其貞。貞斯亨。亨斯吉矣。由是推之。閨房啓王化之原。脩齊括治平之要。天地以其咸感萬物。而萬物生焉。聖人以其咸感人心。而人心平焉。化生之功由此成。和平之福由此普。艮之止無形。兌之悅無言。無形無言。而感化神焉。君子觀於此。而天地人物感應之妙。皆可識矣。

以此卦擬人事。卦體爲艮男兌女。彖辭曰。取女吉。是人倫之始事也。序卦傳曰。有男女。然後有夫婦。有夫婦。然後有父子。有父子。然後有君臣。有君臣。然後有上下。其道實自乾坤定位而來。乾老陽。坤老陰。乾變艮則爲少陽。坤變兌則爲少陰。陰陽之體一也。陰陽即男女。艮二陽一陰。兌一陽二陰。合其體而爲一。象男女之交也。艮爲求。有好逑之義。兌爲妹。有歸妹之象。是謂婚姻之始。兌爲悅。艮爲止。樂而不淫。婦道之所以重利貞也。六爻之辭。多取於人身。拇腓股皆屬下體。心脢輔皆屬上體。一俯一仰。一動一靜。陰陽相濟。剛柔相交。咸之卦德備矣。夫夫婦一小天地也。萬物各有陰陽。即各有夫婦。萬物之化生。人心之和平。胥是道也。此聖人所以爲人倫之至。咸卦所以冠下經之首。觀其象而可知矣。」

以此卦擬國家。上卦爲政府。有兌澤偏敷之象。下卦爲人民。守艮止各安之義。九五陽剛之君。與上六相比。與六二相應。諸爻亦俱與九五相感應。故咸一卦。

皆取象於拇腓股思脢輔。譬如人之一身。四肢九竅。有痛癢相關。一氣聯絡之義也。象曰。君子以虛受人。此君子即指九五而言。虛者無我。無我則天下一家。萬民一體。以一念感通夫萬類。以一心包育夫羣生。上下相通。君民合志。謂之天地感而萬物化生。聖人感人心而天下和平。觀其所感。而天地萬物之情可見矣。此即聖天子恭己南面無爲而治之體也。

通觀全卦。有心爲感。无心爲咸。咸皆也。爲卦六爻皆應。咸和通達。物我皆藏。自然而然。元氣渾合。此兌悅艮止。卦之所以名咸也。咸主乎感。感則必動。而六爻則以靜爲吉。以動爲凶。初爻居卦之下。曰咸其拇。拇足大指也。其感尚淺。其動亦微。故不係吉凶也。二曰咸其腓。腓爲足肚。則進於拇矣。腓本不動。足動而腓隨之。是動雖凶。而腓尚居於吉也。三曰咸其股。股處下體之上。三之象也。較拇與腓而尤進矣。志在隨人。所執亦賤。故曰往吝。四居三陽之中。爲心之位也。凡有感觸。皆從心發。得貞則吉。否則凶也。五爲卦主。居兌之中。脢在心上。爲背脊肉。是不動之處。感而不感。動而無動。故曰无悔。上六處全卦之上。輔頰舌在美身之上。其象取此。有感於心。發而爲言。是口說也。然不能至誠相格。而徒以美言取悅。咸道薄矣。是以六爻之中。所感各有淺深。而悔吝吉凶。亦各隨其象而著。惟君子能虛受人。虛則心公。公則入而無拒。感而即通。其所翕受者宏矣。翕受之道。取諸兌。專直之義。取諸艮。健而能止。順而能悅。悅以感陰。止以應陽。天地無心而成化。聖人無爲而成功。如斯而已矣。

大象曰。山上有澤咸。君子以虛受人。

卦象爲山上有澤。是山氣下交。澤氣上交。得以上下相成也。天下至靜而虛者莫如山。惟山以虛。翕受澤氣。君子體此象以容人之善。故能湛其心於寂然不動之時。定其性於廓然大公之地。古來如舜之取人爲善。禹之拜昌言。周公之吐哺握髮。一皆虛己而受人者也。

(占)問戰征。軍隊前進。防有坑陷。山谷間防有埋伏。固守城池。防敵兵潛通地道。皆當謹愼。○問營商。山澤爲生財之地。即財源也。以虛受人。是以購入物產。販運轉售。必大獲利。○問功名。山上者高陸之象。山上有澤。澤者積水低窪之處。有居高思危之意。唯宜虛己待人。功名可長保也。○問家宅。是宅必傍山臨水。知其所止。吉。○問疾病。是虛弱之症。宜服滋補之劑。○問婚姻。卦爲山澤通氣。主兩姓和好。大吉。○問訟事。兩造必是少年意氣相爭。訟宜和解而止爲善。○問六甲。生男。○問失物。必墮入空洞有水之處。不能復得。

初六。咸其拇。

象傳曰。咸其拇。志在外也。

拇者足之大指。初居爻首。爲感之始。其感尚微。譬如足之有指。指即小動。未嘗移步。以喻人心初感動而未動。始有其志而已。象曰。志在外也。外謂九四。以初與四相應。故曰在外。志者心之所之也。謂第有其志。未嘗躁動。是以不言吉凶。

(占)問戰征。是兵刄初交之會。應在第四日。可以得勝。○問營商。必是初次貿易。貨物已辦。尚未發行也。○問功名。必能一舉成名。有捷足先登之兆。○問家宅。

有遷居外地之意。○問疾病。是足指初起一毒。宜外用敷藥調治。○問婚姻。初六應在九四。以艮男求婚於兌女也。爲結褵之始。吉。○問六甲。生男。是初胎也。

（占例）明治二十三年。占某貴顯運氣。筮得咸之革。

爻辭曰。初六。咸其拇。象曰。咸其拇。志在外也。

斷曰。此爲咸卦初爻。拇爲足指。是人身最小之體。其動與不動。本不足關輕重也。初爻應在九四。四比近尊位。此占當以應爻屬貴顯。初爻則爲來占之人也。今初爻咸之初。某貴顯自幕府至今。備嘗困苦。今雖年老而志願猶奢。凡有指畫。咸皆悅從。象曰。志在外也。蓋在貴顯之志。謂方今國家要務。專以外交爲重也。知貴顯老運未艾。

六二。咸其腓。凶。居吉。

象傳曰。雖凶居吉。順不害也。

腓爲脛腨。或曰足肚。是無骨之處。蓋在拇之上股之下也。腓不能自動。隨足而動。足動而凶。則腓亦失其吉矣。然動則爲凶。而靜居則吉。故象傳曰。雖凶居吉。順不害也。以六二以陰居陰。其性本靜。能順其性而不動。自可免害而獲吉也。」

(占)問戰征。宜固守不動。斯可免害。○問營商。不利行商。利坐賈。○問功名。只可依人成事。未能遠到。○問疾病。按腓病也。必是四肢痿痹之症。只可坐臥。不能步行也。○問婚姻。婚事既成。恐有變動。能以順自守。雖凶終吉。○問六甲。生男。」

(占例)華族某君來謂余曰。頃者知己某。以數年刻苦。新創一技。特許專賣。余因貸之以資金。但不知新創之技。果得廣行否。亦不知貸與之資金損益如何。請筮之。筮得咸之大過。

爻辭曰。六二。咸其腓。凶。居吉。

斷曰。咸者爲山澤通氣之卦。是二物相依。互爲用也。某友發明一物。藉君之資金。得以成業。是某友與君實相依爲用。其事業之廣行也可必矣。腓者足肚也。腓不自動。隨足之動而動。以喻資金之通用。全藉貨物之販運。而資金亦隨之而運動也。在此業新出。未免一時販售有碍。當居積以待。自能獲利。始雖凶而終吉也。

九三。咸其股。執其隨。往吝。

象傳曰。咸其股。亦不處也。志在隨人。所執下也。

此爻居下體之上。上體之下。爲股之象。股者隨上下而動。不能自主者也。九三以陽居陽。與上六之陰相應。舍上六而比初二。隨初二以爲動止。率此以往。其吝可知。三爲艮卦之主。艮爲股。故曰股。艮又爲執。故曰執。艮本止也。三以感而思動。又牽率初二。使之皆動。故曰執其隨。象傳曰。亦不處也。亦者。謂率拇腓而俱動也。志在隨人。所執下也。隨人者。謂隨上也。執下者。謂執初與二也。

(占)問戰征。宜退守。不宜往攻。○問營商。凡商業合出資本。謂之股分。必舉一人以主其業。乃主業者。不能自主。而徒隨人以爲上下。其業必難獲利。○問功名。隨聲附名。其品下矣。必難制勝。○問家宅。宅近艮山。本可安處。占者不願處此。殆欲隨人他遷也。恐所往吝矣。○問婚姻。咎在過聽執柯者之言。恐所適非偶。

○問六甲。生男。

(占例)友人某來。請占運氣。筮得咸之萃。

爻辭曰。九三。咸其股。執其隨。往吝。

斷曰。卦體艮山兌澤。山得澤而生潤。澤得山而發源。是爲山澤通氣。陰陽相感。正元運旺相之象也。足下占得第三爻。三爻爲內卦之主。與上六相應。九三爲陽。上六爲陰。感而思動。故曰。咸其股。股屬下體。亦陰象也。卦本爲少男少女兩相愛悅。三爻志在隨人。牽率其下而皆往。則其溺情尤甚。吝復何辭。論現年運氣。未嘗不佳。乃因溺志色慾。陽被陰累。防致疾厄。宜愼宜戒。友人聽之。始而如有所感。繼而溺情不悟。以致終身落魄不偶。哀哉。

九四。貞吉。悔亡。憧憧往來。朋從爾思。

象傳曰。貞吉悔亡。未感害也。憧憧往來。未光大也。

四當三陽之中。居心之位。咸之主也。初之拇。二之腓。三之股。五六之脢舌輔頰。

皆從心而發。故心不言咸。以萬感皆由心而生也。夫心之本體。本靈明不昧。寂然不動。自有所感而心動焉。動則有悔。欲其亡悔。唯貞而已。貞者正也。正則吉而悔亡。然人心不能無感。而感亦不能皆正。不正則心受其害。而悔隨感生。何以得吉。憧憧者急遽之狀。往來者忙促之形。憧憧往來。甚言紛至疊來。私意錯亂。害累叢生。下之拇腓股。上之脢舌輔。亦皆紛紛而動。但見其朋從耳。則此心豈復有一息之泰定哉。象傳曰。貞吉悔亡。未感害也。謂貞則其心無私。未感之先。心本洞然。故曰未感害也。憧憧往來。未光大也。謂物感迭來。不能无思无欲。故曰。未光大也。

(占)問戰征。軍中全以主帥爲心。當萬軍紛集。以一帥鎮定之。斯令行禁止。寂然不動。否則擾亂錯雜。災害生焉。○問營商。商務雖在謀利。亦以得貞爲吉。若見利忘義。則群焉爭奪。不奪不饜。害有不可勝言者矣。○問功名。四爻以陽居陽。位近至尊。功名顯達。其象貞吉。然得不以正。害即隨之。最宜謹慎。○問家宅。其宅必臨通衢往來之地。邪正雜處。交際最宜愼擇。○問疾病。必是心神怔忪之症。宜靜養。○問婚姻。防女家閨範不謹。○問六甲。生女。
(占例)明治二十二年。某縉紳來。請占某貴顯運氣。筮得咸之蹇。
爻辭曰。九四。貞吉。悔亡。憧憧往來。朋從爾思。
斷曰。四爻以陽處陰。爲內外卦之始。比近九五。是貴顯之象也。爲某貴顯占運氣。筮得四爻。四當三陽之中。中居心位。心爲百體之主。心貞則百體皆貞。猶言大臣正躬率物。百僚皆從令焉。故曰貞吉悔亡。此固某貴顯之能事也。苟心有不正。必致庶事叢脞。朋黨紛起。始則害在一身。終則害延一國。皆由一心之不正。階之厲也。在某貴顯。秉心正直。國而忘家。公而忘私。能以天下爲己任。古所稱正一己以正天下者。某貴顯有焉。庶民所仰望者。正未有艾也。

九五。咸其脢。无悔。

象傳曰。咸其脢。志末也。

按註云脢者心上口下。馬云脢背也。博雅胛謂之脢。即背脢也。心在前。背在後。

是不動之處也。艮之象曰艮其背。知背爲艮之所止。爻辭曰。咸其脢。殆即孟子所云。君子所性。根於心。盎於背。施於四體。四體不言而喻者。是也。五爻以陽剛中正之德。居君上之位。下應六二。六二曰咸於腓。腓爲足肚。不能自動。五曰咸於脢。脢爲背脊。亦不能自動。故其咸也。若有不感而感。而其動也。亦若有不動而動。不動而動。在脢亦不自知其動也。悔何有焉。象傳曰志末。謂此乃不感而感。感之至也。彼初之志在外。三之志隨人。皆有心而感者抑末矣。一說。象傳志末也者。謂尊居九五。當撫卹億兆之心。志願斯爲大矣。若徒作自安之計。期免目前之悔。其志不亦微末乎。

(占)問戰征。宜潛襲其後以攻敵背。有勝無敗。○問營商。象曰志末。末微小也。知其商業不大。利亦微薄。○問功名。背者敗北也。知所求未必成名。○問疾病。台背壽徵也。知病即愈无悔。且獲多壽。○問六甲。生女。

(占例)明治二十一年。縉紳某來。請占某貴顯運氣。筮得咸之小過。

爻辭曰。九五。咸其脢。无悔。

斷曰。凡卦例以九五爲君位。然乾爲君爲父也。而臣子亦得占之。坤爲臣爲民。而君父亦得占之。易道變通不拘一例也。咸卦艮山兌澤。二氣相感。是以天地感而萬物化生。聖人感人心。而天下和平。則知大臣當國。皆以至誠感孚夫上下者也。今占某貴顯氣運。得第五爻。爻辭曰。咸其脢。脢謂背脊處。前爲陽。背爲陰。心背之間。陰陽相感。亦痛癢相關。某貴顯念切民艱。自能痌瘝在抱。不容以隔膜相視也。必无悔焉。至其後運。定臻黃耇台背之壽。其福未可限量矣。象傳曰。志末也。謂目下志願猶未光大也。

上六。咸其輔頰舌。

象傳曰。咸其輔頰舌。滕口說也。

輔者頰之裏。頰者輔之表。舌在口中。舌動則輔頰隨之。此爻陰柔不中。居卦之極。比近尊位。專以讒口惑君者也。是巧佞之小人。爲聖人所深惡也。故不係凶辭。而其凶自見矣。象傳曰。滕口說也。滕謂張口騁辭。或曰虛也。謂無誠實。徒誇虛說以誑世。咸道薄矣。

(占)問戰征。防有間諜窺探。○問營商。恐有口舌之禍。○問功名。可獻策陳言。當得召用。○問家宅。主人口不睦。口角起爭。○問疾病。囈語譫言。心魂不安。宜禱。○問婚姻。氷人之言。未可全信。○問六甲。生女。

(占例)明治二十五年。岩手縣衆議院議員佐藤昌藏氏來曰。今回地租修正之議興。奧羽諸縣已編地租增加之部。然在我縣下。地質不饒。增加地租甚。覺不當爲此。請占院議結果。筮得咸之遯。

爻辭曰。上六。咸其輔頰舌。

斷曰。兌爲口。輔頰舌皆所以言。此即議院之證驗也。今占地租增加。而得咸之上六。咸者感也。凡有所議。必得上下直誠感通。其事可通行無阻。茲徒以空談相競而無實惠。其何能令民之遵從乎。

後佐藤氏來謝曰。易斷眞不虛也。

䷟ 雷風恒

上經首乾而繼坤。坤即乾之配。下經首咸而繼恒。恒即咸之久。咸爲可大之業。恒爲可久之德。可久配天。可大配地。故乾亦爲久。坤亦爲大。震男巽女。本從乾坤而生。雷風即乾坤之噓氣也。乾坤不變。雷風亦不變。故雷風之卦曰恒。

恒亨。无咎。利貞。利有攸往。

恒字。从心从亙。訓常。古文作死。易曰。恒。久也。凡事暫則塞者。久則通。通則无咎。貞者。正也。咸爲夫婦結褵之始。男下於女。故取其吉。恒爲夫婦居室之常。女下於男。故利其貞。巽柔而順。順故能貞。震剛而動。動故有往。貞者。女子之德也。往者。男子之事也。正義曰。得其常道。何往不利。故曰利有攸往也。

彖傳曰。恒。久也。剛上而柔下。雷風相與。巽而動。剛柔

皆應恒。恒亨。无咎。利貞。久於其道也。天地之道。恒久而不已也。利有攸往。終則有始也。日月得天而能久照。四時變化而能久成。聖人久於其道。而天下化成。觀其所恒。而天地萬物之情可見矣。

此卦上震下巽。巽爲風。是剛上柔下也。震爲雷。雷風相與。而爲恒。雷風者。即從山澤而生氣。故卦次於咸。其爲氣也。通徹上下。運行周徧。化育萬物。生生不息。而變化有常。其德亘古今而不易。是即天地之道。恒久而不已也。故名此卦曰恒。恒者常也。久也。恒之爲道。亨乃无咎。亨通无咎。乃得利貞。夫恒有二。有不易之恒。有不已之恒。利貞者。不易之恒。利有攸往者。不已之恒也。合而言之。常道也。亨者。恒之用也。貞者。恒之體也。剛柔相應者。恒之成德也。利有攸往者。恒之行事也。巽以貞終。震以行始。大震入巽。故曰終則有始。觀諸日月之得天久照。

心一堂術數古籍珍本叢刊 占筮類

驗諸四時之變化久成。徵諸聖人之久道化成。天道聖道之歷久不敝者。莫非此恒久之道也。

以此卦擬人事。震爲長男。巽爲長女。變咸之二少。爲恒之二長。婚姻之禮。夫婦之恒道也。貞者。女子之德。往者。丈夫之行。雷風相與者。天地之運也。剛柔相應者。陰陽之機也。君子則之。以保其恒。以恒脩身。而身敎乃亨。以恒齊家。而家道乃亨。以恒治國。而國運亦亨。所謂无往不利者。此也。讀關雎之詩。文王之化行於遠。后妃之德脩於內。其得恒之旨也夫。推之日月四時之久照久成。聖人之久道化成。仰觀俯察。而恒之情可見矣。人事之通塞隆替。不外是焉。

以此卦擬國家。上卦爲政府。有雷厲之性。以振興庶政。下卦爲人民。有風動之象。順從政府之命令也。恒卦震上巽下。震爲夫。巽爲女。卦體本爲夫婦。咸以少爲情。恒以長爲禮。恒即恒其所謂感也。然家修即爲廷獻。王化起於閨門。齊家治國。其道本一以貫。王道必世而仁。聖功萬年無敝。是即聖人之久道化成也。雷動風散。可見恩威之並施也。剛上柔下。可見寬猛之交濟也。和順取諸巽。振作取諸震。有爲有守。無怠無荒。內秉潔齊之志。外協通變之宜。道以亨而无咎。化以久而彌神。終始如一。上下不疑。是久于其道也。而郅治有恒矣。日月之久照。四時之久成。胥於此可見矣。

通觀全卦。序卦傳曰。夫婦之道。不可以不久也。故受之以恒。咸爲夫婦之始。恒爲夫婦之常。所謂下經首咸恒。以夫婦之道配乾坤也。然恒一卦。唯五爻言夫婦。餘爻皆歷言恒之不當。以爲垂戒。且六爻無一吉辭。即彖辭亦第云无咎。蓋恒爲天地之常道。日月久照。四時久成。不恒則變。恒則得其正。是以聖人曰。人而無恒。不可以作巫醫。皆反言以警之。而於恒未嘗有贊詞也。象曰。君子立不易方。亦唯以不易者。守其恒而已。卦體六爻相應。剛柔二氣。交相爲用。剛有剛之道。柔有柔之道。恒之亨。而无咎。惟久於其道也。恒之反卦爲咸。故二卦爻象。皆顚倒相因。恒初爻之深刻。即咸上之巧令也。恒二之悔亡。即咸五之无悔也。恒三之承羞。即咸四之朋從也。恒四之非位。即咸三之隨人也。恒五之婦吉夫凶。即咸二之凶居吉也。恒上之大无功。即咸初之志在外也。故二卦同體。而爻象反復。咸曰。聖人感動人心而天下和平。恒曰。聖人久於其道而天下化成。天地萬物之情。皆可於此見之矣。

大象曰。雷風恒。君子以立不易方。

震雷動而在上。巽風入而在下。雷風二物。雖至動至變而無常。而究其極。雷之發聲不爽其候。風之噓物。各應其時。振古如斯。未嘗或失。故曰雷風恒。君子體此象以應萬變。而道則不變。恒而已矣。立者確乎不拔。方者主一不遷。志有定向。而持守彌堅。不爲富貴淫。不爲貧賤移。不爲威武屈。特立无懼。此君子之所以爲君子者。得恒道也。

(占)問戰征。雷出於地。風生於谷。防有敵兵埋伏。火砲攻擊之慮。宜堅守營壘不可退。後可以轉敗爲功。○問營商。震屬正東。巽屬東南。曰立不易方。言貿易不可改易地方也。○問功名。震巽皆木。木植立不易。干霄直上。自得直達之象。但宜久成。不宜躁進。○問家宅。此宅坐西北。朝東南。爲祖遺舊宅。是恒產。方向切不可移易。〇問婚姻。男家長男。女家長女。二長相配。婚姻大利。可卜百年偕老。〇問疾病。必是肝火上冲。痰火氣喘。須服前方。不必改易。〇問六甲。生男。必是初胎。

初六。浚恒。貞凶。无攸利。

象傳曰。浚恒之凶。始求深也。

浚。深也。初爻當恒之始。以始求終。所當循序漸進。方能幾及。所謂登高必自卑。行遠必自邇。由此以往。無不利也。若乃躐等以求。如撮土而期爲山。勺水而欲成海。初基乍立。後效殊奢。事雖不失其正。要必難免於凶也。故曰浚恒貞凶。象傳曰。始求深也。始。指初爻也。謂其未涉其淺。而遽求其深。是欲速而不達者也。非徒無益。反見其凶。譬如用智而失之鑿。求道而索之隱。皆浚恒者之過也。

(占)問戰征。宜步步爲營。切忌孤軍深入。深入必凶〇問營商。宜得利即售。不可壟斷居奇。以貪高價。〇問功名。宜安分守職。切勿梯寵希榮。徼倖圖功。恐反招辱。○問婚姻。婚姻之道。宜以門戶相當。切勿慕富攀貴。貪結高親。反致後悔。往往有之。○問家宅。宅是新建。惜乎過求華麗。致難持久。○問訟事。恐一經涉訟。歷久不了。○問六甲。初胎。生女。唯恐難育。

(占例)明治十五年七月。朝鮮變起。花房公使以下。脫歸長崎。同八月。朝廷發陸海軍。命花房公使。重至朝鮮。使之問罪。余筮之。得恒之大壯。

爻辭曰。初六。浚恒。貞凶。无攸利。

觀初六爻辭。知朝鮮之漸進開化也。可知向來我政府之與朝鮮。專主化導。不主攻伐。此天下之所共信也。今番朝鮮。雖失禮於我。政府未嘗擧兵。可謂能守其恒道也。若政府乘一朝之怒。忘恒久之道。責之過深。則是爻辭所云浚恒貞凶。无攸利。正當爲政府慮矣。問政府今用問罪之擧。不在深求。而在和解。則其事可諧。即或一時未諧。恒之初爻。變爲大壯。則以大壯之軍備。壓制而已。其策則分我軍爲六。留其四於馬關。以其二爲朝鮮開化黨之聲援。如此而猶有不及。可使一軍自元山津而衝其背。可使開化黨維持朝鮮也。是天數之理也。筮畢。呈之某貴顯。貴顯又使人更問曰。朝鮮之事。雖不足憂。清國之關係實大也。子幸占我國與清國關係。余復筮之。得艮之不變。

斷曰。艮者兩山相對之卦。兩山相對。可見而不可近也。又不可相應也。於不近不應之卦。其無戰爭。斷可知也。其後朝鮮之事。果如此占。

九二。悔亡。

象傳曰。九二悔亡。能久中也。

二爻以陽居陰。是失位也。失位故有悔。然二處巽之中。爲巽之主。上與六五。陰陽相應。以剛中之德。輔柔中之君。道既得中。又能持久。故曰悔亡。象傳曰。能久中也。謂可久之道。不外乎中。能久於其道。必能久於其中也。二爻能之。悔自亡矣。

(占)問戰征。營位失當。恐有後悔。唯宜居中不動。持久固守。可免禍也。○問營商。貨物不得消路。致有耗敗。宜歷久待價。可得反本。○問功名。失其機會。反招災害。待時而往。雖不成名。亦无尤也。○問家宅。此宅地位不當。居者不利。十年之後。宅運可轉。方得无咎。○問婚姻。平平。○問六甲。生女。

(占例)某會社社長。來請占社運。筮得恒之小過。

爻辭曰。九二。悔亡。

斷曰。此卦以雷風相與。剛柔皆應。是會社之象也。卦名曰恒。業必以久而成也。今占得第二爻。二爻以陽居陰。未免位置不當。事有窒碍。足下躬膺社長。當以中正處之。保其恒久。守巽之貞。法震之往。歷久不倦。而推行盡利。其道乃亨。何悔之有。

社長聞之曰。該社自開業以來。多不能如意。今得此占。自當恒久不已。以圖遠大之業。後此會社。果得盛大。

○明治二十六年二月。北海道炭鑛鐵道會社。支配人植村登三郎來曰。余從事社務。有年。事務多端。深恐力弱才微。不勝其任。思欲改就官職。猶豫未決。幸請一筮。筮得恒之小過。

爻辭曰。九二。悔亡。

斷曰。巽下震上。巽爲薪。有煤炭之象。巽又爲商。爲利。有會社之象。震爲行。爲奔。有鐵道之象。今占得第二爻。九二坎爻。辰在子。上値虛。虛爲北方列宿之中。故會社在北海道。二爻以陽居陰。爲失位。故有悔。然足下既從事社務。必深識其中之利益。久于其道。自然精明練達。能振興其業也。後植村氏得此占。益加勉勵。不數月。至占重任。

九三。不恒其德。或承之羞。貞吝。

象傳曰。不恒其德。无所容也。

九三處巽之極。巽爲進退。爲不果。不恒其德之象。羞者。恥也。九三以陽居陽。其位雖正。因其執心不定。德性无恒。而錯誤隨之。或者。將然之辭。謂雖未明見其羞。而羞或承之矣。雖貞亦吝。吝謂可鄙也。象傳曰。无所容也。大節一虧。無所逃於天地之間。蓋深斥之也。

(占)問戰征。軍事貴勇往果決。得以制勝。巽爲不果。必多畏却。賊進退无恒。勢將辱國傷師。咎何能辭。○問營商。爻辭曰。不恒其德。是必商無恒業也。何以獲利。○問功名。二三其德。業必不就。名何由成。○問家宅。三爻居巽之終。巽變爲震。震爲大塗。此宅必近大道之傍。其宅不利久居。○問婚姻。姻事不終。恐貽羞辱。○問六甲。生女。

(占例)一日某貴顯來訪。謂余曰。有同僚某。因負債。請余援助。長官某。亦代爲說合。予諾之。爾後至期。彼竟無力得償。敢請占其得失。筮得恒之解。

爻辭曰。九三。不恒其德。或承之羞。貞吝。

斷曰。此卦恒久而不已。是其貸與。永不返還可知。其辭曰。不恒其德。謂彼窮迫如此。勢必二三其德。不能恒守此約信也。或承之羞。謂君若盛氣責之。彼必出言不遜。反受羞辱也。後果如此占。

○明治二十八年。占清國國運。筮得恒之解。

爻辭曰。九三。不恒其德。或承之羞。貞吝。

斷曰。恒者。久也。溯我國與外國交際。唯清國最舊。是恒之象也。兩國並立亞細亞。輔車相依。同文之國。尤最親密。近年歐美各邦。文明開化。日新一日。我國有所見於此。是以取彼之長。補我之短。乃遣少年子弟留學歐西。又聘西國教師。使之教我子弟。在清國墨守舊習。自示尊大。不能達觀宇內大勢。朝鮮介我兩國之間。我與清國商議。謀欲互爲保護。清國有疑於我。終至兵陣相見。今占得三爻。爻辭曰。不恒其德。或承之羞。貞吝。巽爲進退。謂清國進退无恒。二三其德。勢必取辱也。

九四。田无禽。

象傳曰。久非其位。安得禽也。

禽者。鳥獸之總名。震爲獵夫。巽爲禽。九四處震之初。已出於巽。是震之獵夫前進。巽之禽後退。以此而田必無獲也。故曰田无禽。以喻失民心也。夫所貴于恒之道者。德稱其位。才勝其任。事上而有所建明。治下而有所康濟。積日累久。則其所裨益必多。九四。以陽居陽。與初六相應。初六浚恒。既无攸利。无利者。亦即无禽之謂也。象傳曰。久非其位。安得禽也。大凡所處非其地。所乘非其時。所爲非其方。所交非其人。皆久而無功也。田之於禽。其得失最著者也。故以之爲象。」

（占）問戰征。立營不得其位。必致師老無功。○問營商。凡貨物消售。各有其地。如求木於漁。問魚於樵。雖久於其業。必无獲也。○問功名。如不入場屋。而望高科。不登廊廟。而求顯官。居非其位。雖久无獲也。○問家宅。此宅方位不利。不可久居。宜急遷移。○問婚姻。兩姓配偶不合。○問六甲。生男。恐難養育。

（占例）明治二十三年。某縉紳來。請占某貴顯運氣。筮得恒之升。

爻辭曰。九四。田无禽。

斷曰。就卦論卦。直言不諱。望勿見責。今君爲某貴顯占氣運。得恒之四爻。四爻以陽居陰。居不當位。爻辭曰。田无禽。猶言謀而无功也。知某貴顯雖久處高位。目下時運已退。才力亦衰。凡所作爲。多无成效。自宜退隱。毋貽竊位之譏也。

六五。恒其德。貞。婦人吉。夫子凶。

象傳曰。婦人貞吉。從一而終也。夫子制義。從婦凶也。

六五居得尊位。爲恒之主。下與九二相應。九二居巽。巽爲婦。六五居震。震爲夫。六五專守九二之應。貞一其德。貞則貞矣。爲婦則吉。爲夫凶也。不知五爲震主。震爲行。丈夫之志。當以義制事。推行盡利。以垂久之業。若第以從一爲正。是妾婦之道也。孟子所謂賤丈夫者是也。象傳曰。從一而終。謂婦人之德。惟宜從一。故曰貞吉。夫子制義。謂丈夫之行。惟宜審義。義則不害於貞。貞則或傷其義。故曰從婦凶也。象傳所云。利貞者。指婦人也。利有攸往者。指丈夫也。知夫此而恒之道得矣。

(占)問戰征。古稱軍中有婦女。士氣不揚。項羽之敗。未始非虞姬累之也。行軍宜凜之。○問營商。商業宜隨時變通。若拘泥執一。婦孺貪小之見。必无大利也。○問功名。丈夫志在四方。前程遠大。若徒貪戀閨房。傷身敗名。凶莫大焉。○問家宅。古云牝雉司晨。惟家之索。是當深戒。○問婚姻。女家占此則吉。男家占此則凶。○問六甲。生男。

(占例)豪商某來。請占氣運。筮得恒之大過。

爻辭曰。六五。恒其德。貞。婦人吉。夫子凶。

斷曰。足下久營商業。精明强幹。余所素知。今占氣運。得恒之五爻。五爲震之主爻。震爲從。故象曰從婦凶。夫女子小人。皆屬陰象。商業之推行。權宜自主。不可聽從人言。治家之道。亦不可偏聽婦言。爻象之辭。垂誡深矣。足下宜凛之。下略

上六。振恒。凶。

象傳曰。振恒在上。大无功也。

震動也。故恒至於上。有振動之象焉。上六處震之終。爲動之極。動者宜守之以靜。終者宜返之以始。斯德可全於末路。業不敗於垂成。恒道成矣。今上六處恒之極。而振動不已。以振爲恒。恒有盡而振無盡。是以凶也。震爲決躁。巽亦爲躁卦。躁動無時。猶是雷發而不收。風行而不止。其何能有功哉。故象傳曰大无功也。

(占)問戰征。上爲主帥。行軍之道。全在鎭定。若妄動喜功。必无成也。○問營商。上爲一卦之歸宿。是商業歸結之時也。當歸結而不歸。收發無時。終无結局也。○問功名。上處卦之終。功名已盡。若復痴心妄求。不特无成。恐反致禍。○問家宅。此宅已舊。不必改作。改作必凶。○問婚姻。必是晚年續娶也。無須再娶。娶則必凶。○問訟事。急宜罷訟。○問失物。不得。

(占例)某商人來。請占氣運。筮得恒之鼎。

爻辭曰。上六。振恒凶。

斷曰。凡占卦遇上爻。上爲卦之終局。必其人好運已終。只宜靜守而已。今恒之上六。曰振恒。以振爲恒。是卦已終。而動未終。故曰凶也。足下占得此爻。當守靜以制動。斯可无咎。

䷠ 天山遯

序卦傳曰。恒者。久也。物不可以久居其所。故受之以遯。遯。退也。卦體上乾下艮。四陽在上。二陰漸進。自姤一陰。至二而長。陰長陽退。卦以遯名。謂陽避陰而遯也。遯字从豚。从走。豕見人而逸。故遯。取豚以象退。乾爲天。亦爲遠。有遠遯之義也。艮爲山。亦爲居。有遯居之象也。故曰天山遯。

遯。亨。小利貞。

遯陰長之卦。小人方進。君子道消。邪正不同居。陰陽不兩立。君子當此。若不隱遯。必受其害。當遯而遯。遯而後通。故曰遯。亨。小利貞者。小指二陰而言也。謂陰道始長。陽道猶未全消。故曰小利貞。

象傳曰。遯。亨。遯而亨也。剛當位而應。與時行也。小利

貞浸而長也。遯之時義大矣哉。

按遯本作遁。書微子我不顧行遯。遯。隱也。後漢郅惲傳。南遁蒼梧。遯。逃也。賈誼過秦論。遁巡不敢進。遯又與逡同。要皆不外退避之義也。遯而亨者。亨。通也。君子不敢與時違。時當其遯。不遯不通。遯乃亨也。剛當位者。指九五也。五與二爲正應。凡二五皆相與之有成。惟遯二五相應。而實相迫。二居內卦。陰勢漸長。五居外卦。陽勢漸消。此長彼消。迫之使退。二陰之長。亦非二陰爲之。時爲之也。君子審其時之當然。而與時皆行。遯而去之。身遯而道亨也。貞。正也。利貞。利於正也。二陰尚小。未至橫行。猶利於正。故曰小利貞。遯通臨。臨二陽四陰。曰剛浸而長。遯曰浸而長。易道扶陽抑陰。陰惡其長。故不曰柔。蓋浸而長者二也。遯而亨者五也。當二方長。五即思遯。識時審幾。遯得其道。所謂君子遠小人。不惡而嚴。遯應夫時。亦遯合夫義。故曰遯之時義大矣哉。

以此卦擬人事。遯二陰生於乾下。陰息之卦。否爲極。觀剝過中。遯浸而長。以人事言。姤以一陰稱壯。遯二陰得坤之半。將進壯而爲老矣。譬如物候。雖未大寒。當退而授衣。譬如年穀。雖未大荒。當退而謀食。譬如疾病。雖未大劇。當退而求艾。以浸長而預退。退乃能通。及其既盛。退已晚也。蓋退者五。而所以遁之使退者二。二雖應五。而實消五。二息五消。五當時運之衰。即爲人事之窮。人事當此。唯有順時而行。退而避二。斯五不至終窮。以期後日之補救。而待陽之來復。反剝爲夬。反觀爲大壯。反否爲泰。未始非人事之調護。得以轉環之也。是處遯之得其道也。遯之一卦。蓋有先見之幾焉。

以此卦擬國家。謂當國運當漸否。如太王之避狄遷岐。句踐之屈身事吳是也。太王居岐。後至興周。句踐事吳。後得興越。即遯而亨之義也。遯之卦二陰居內。四陽居外。二爲內卦之主。五爲外卦之主。陰內陽外。是內小人而外君子也。陰陽之消長。國運之盛衰係焉。時當陰長。小人漸得其勢。君子漸失其位。君子處此。當見幾而作。引身遠退。明哲保身。胥是道也。若戀戀不退。極之小人權勢日盛。朋黨既成。輕則貶謫。重則誅戮。于此而欲謀遯。已不及矣。孔子之可以止則止。可以去可去。此聖之所以爲時也。與時皆行。爲國家留有用之身。即爲國家謀重興之會。遯而後亨。其身遯。其道亨也。固非孤高忘世者。所可同日語哉。

通觀此卦。以陰陽不能偏無。所惡於陰者。爲其浸長而消陽耳。人或視陰爲柔弱易制。不知純乾之陽。二陰漸積。可以消之使盡。所當於陰之始長。而遯而遠之。使不授陰以可消之權。而陽乃得以復亨。故曰遯亨。遯而亨也。象曰。君子遠小人不惡而嚴。蓋不與之比。亦不與之爭。決然遠遁。遁之得其正焉矣。合上下二卦觀之。上卦乾健。有斷然舍去之象。下卦艮止。有依戀執留之意。故下卦不如上卦之吉。遯不嫌遠。愈上愈吉。就六爻分觀之。初爻遯而露其尾。非眞遯者也。二爻言執不言遯。不欲遯者也。三爻遯而有所係。將遯而未決者也。四爻曰好遯。是能不阿所好。超然遠遯者也。五曰嘉遯。是能以貞自守。遯得其吉者也。上曰肥遯。是能明以審幾。飛遯離俗者也。然易不可執一論。用之則行。舍之則藏。惟識其時而已。故遯者君子見幾之智也。曰君子。曰小人。示其大體而已。

大象曰。天下有山。遯。君子以遠小人。不惡而嚴。

天下有山。遯。天之與山。相去遼遠。不可幾及。是天遠山非山。遠天。在山亦不能怨天之遠也。君子則之。以遠小人。不必顯出惡言。亦未嘗始示和氣。但望之而自覺可畏。即之儼然難犯。使小人不遠而自遠也。不惡而嚴。斯爲待小人之善法也。

(占)問戰征。防前進有山。山間有敵兵埋伏。致遭敗北。○問營商。恐一時物價漲落不同。相去甚遠。○問功名。宜退隱。不宜進見。君子吉。小人否。○問家宅。此宅近山。前面空濶遼遠。防有陰祟。○問疾病。病有鬼祟。宜敬而遠之。以避居爲吉。○問婚姻。二五陰陽。本屬相應。但邪正不同。以謝絕之爲吉。○問六甲。生女。

初六。遯尾。厲。勿用有攸往。

象傳曰。遯尾之厲。不往何災也。

初爻居艮之始。艮爲穴居。又爲尾。故曰遯尾。賢者避地。入山唯恐不深。入林唯恐不密。不欲使人尾其後也。若乃遯而不藏其尾。非眞遯也。是殆借名山爲捷徑。欲藉遯以爲攸往計耳。古今來高隱不終。不特爲猿鶴貽笑。而功猶未成。失即隨之。其危厲。皆自取之耳。故戒之曰勿用有攸往。謂其宜遯而不宜往也。象傳曰。不往何災。蓋往則災來。不往則无災。反言之以阻其往也。

(占)問戰征。爲伏兵言也。埋伏宜深藏不露。使敵不得窺其跡。若藏頭露尾。必致危厲。不如不往也。○問營商。銷賣貨物。宜赶快。不宜落後。并宜首尾一併賣訖。斯可免災。○問功名。龍門燒尾。吉。○問家宅。宜速遷移。落後有災。○問婚姻。遯者避而遠之之謂。婚姻不合。○問六甲。生女。

(占例)友人某來。請占氣運。筮得遯之同人。

爻辭曰。初六。遯尾。厲。勿用有攸往。

斷曰。遯卦四陽在外。二陰在內。在外者陽浸而消。在內者陰浸而長。運以得陽爲佳。陽消陰長。是好運已退也。今占得遯初爻。初爻以陽居陰。爻辭曰遯尾。厲。勿用有攸往。謂好運既退。第留此尾末而已。故厲。戒曰勿用。是宜退守。毋前往也。運以五年爲一度。至上六。則无不利矣。

六二。執之用黃牛之革。莫之勝說。

象傳曰。執用黃牛。固志也。

執之。莫之。兩之字。皆指遯者言。黃。中央之正色。牛性柔順。革性堅靭。艮爲皮。故曰革。艮爲手。故曰執。二得坤氣。坤爲黃牛。故曰黃牛。二居內爻。爲成卦之主。上應九五。陰長陽消。應五而實消五。五即因之而遯。諸爻亦相隨遯去。二爻欲執而留之。如白駒之詩。所詠執之維之者是也。執用黃牛之革。以擬其執留之堅。而莫之遁焉。勝者。堪也。說者。解脫也。莫之勝說。使之不可逃脫也。諸爻皆言遯。二爻獨不言遯。遯者諸爻。而趣之使遯者。二爻也。二既趣之使遯。而復欲假意以執之。不令其遯。是小人牢籠之計也。象傳曰固志。五之象曰。正志。二五之志。本不同。二欲藉嘉會之禮。以籠絡五之志。使之不遯。固志者。固五之志也。

(占)問戰征。當諸軍逃散之際。獨能堅執固守。爲可嘉也。○問營商。因一時貨價逐漲。執守來本。莫能脫售。○問功名。席珍待聘。美玉待沽。功名之兆也。莫之勝說。功名難望矣。○問家宅。此宅陰氣漸盛。居者不利。常思遷移。即欲脫售。一時亦難。○問婚姻。此婚已成。後欲退悔。執柯者甚屬爲難。○問六甲。生女。

(占例)友人某。來請占氣運。筮得遯之姤。

爻辭曰。六二。執之用黃牛之革。莫之勝說。

斷曰。此卦二陰浸長。四陽浸衰。陰者小人。陽者君子。小人日進。君子日退。故謂之遯。以氣運言之。正是運退之時也。黃牛之革。物之又軟又韌。以此繫物。物莫能脫。譬言人生爲運所縛。雖有志願。終生細縛。不克施展。今占二爻。其象如此。運可知矣。

○明治二十九年。占皇國氣運。筮得遯之姤。

爻辭曰。六二。執之用黃牛之革。莫之勝說。

斷曰。此卦四陽爲二陰所侵。論人事則我爲彼所侵。於國亦然。自我國勝清之後。講和修好。俄德法三國。以亞細亞之平和。爲口實。使我還付遼東。加之俄法爲清國償金斡旋之局。俄清之交情一變。清從俄言。將有事於東洋。清又將依俄之力。而動雪耻之念。方今歐洲諸強國。皆唯競利自圖。約束清國。譬如用黃牛之革。縶縛其手足。使之莫能解說。幾欲瓜分之以爲快。而於我國。亦未嘗不欲以此相縛。我唯固守其志。內修軍備。外善辭令。以敦邦交。而不受此籠絡也。爲得計耳。

九三。係遯。有疾厲。畜臣妾吉。

象傳曰。係遯之厲。有疾憊也。畜臣妾吉。不可大事也。

係者。羈絆之義。三以陽剛居內卦之上。與二陰陽相親比。爲二所羈縻。不忍超然遠引。欲遯而志不決。故曰係遯。凡當遯則遯。貴速而遠。一有所係。則憂愁莫定。宛如疾痛之在身。危厲之道也。故曰有疾。厲。蓋係者三係於二。陰爲之主。畜者二畜于三。陽爲之主。以陰係陽則厲。以陽畜陰則吉。臣妾者陰象。三陽在二陰之上。故能畜。君子之於臣妾。畜之以供使令。進退無足關重輕也。是以係遯不失爲吉。至若當大事。必致因循而坐誤也。象傳曰。有疾。憊也。憊謂力竭而敝憊也。不可大事也。大事者。指上。一生大節而言。不可或忽也。

(占)問戰征。軍陣進退。皆有紀律。鼓進金退。最要便捷。一有遲誤。必致大敗也。宜慎。○問營商。貨物當脫售之時。不宜躊躇不決。或係戀私情。防誤大事。○問功名。時當奸人秉政。宜急流勇退。斯無疾害。○問家宅。此宅不利。主多病厄。宜速遷移。若遲延不去。恐有大禍。○問婚姻。娶嫡不利。娶妾則吉。○問六甲。生女。

(占例)友人某來。請占商業之盛衰。筮得遯之否。

爻辭曰。九三。係遯。有疾厲。畜臣妾吉。

斷曰。三爻以陽居陽。留戀二陰。欲遯不決。致有疾厲。今足下占問商業。得此三爻。知爲商業失敗之象。宜速脫貨。則損失猶微。若惜金而躊躇。則品物之價。日益低落。其所損更大也。謂之係遯。有疾厲。畜臣妾吉者。謂葆此餘資。以畜養家人可也。若欲重興商業。則不可也。

九四。好遯。君子吉。小人否。

象傳曰。君子好遯。小人否也。

四與初相應。相應必相好。乃初與四好。而四不好初。且四因初之好。而決意遠遯。故曰好遯。然在初之好四。亦非直好。不過欲借四以爲重。是引用君子之意。若新莽之禮賢下士是也。四則有見於此。不爲初所籠絡。而超然遠引。謂爾雖好我。我不爾我〔好〕。爾不我遯。我則自遯。我行我志而已。四入乾。乾爲君子。故曰君子吉。在初之厚貌深情。以爲四必感戀情好。不意室邇人遠。一去千里。竟有不可縶維者。初處艮。艮爲小子。故曰小人否。一說好遯者。謂有所好而遯也。猶論語從吾所好之好。世人所好。在富貴功名。君子所好。在樂天知命。此謂好遯。亦通。

(占)問戰征。四處乾之始。乾爲健。知進不知退。或軍中有一人謀陷。故作退計以避之。退亦吉也。○問營商。商家以賣入爲進。買出爲退。四曰好遯。知以出貨爲得利也。○問功名。爻辭好遯。是其人必無意於功名也。然名亦不同。或盜虛名於一時。或垂大業於千秋。君子小人。所由分也。占者宜自審焉。○問疾病。四乾體。爻曰好遯。陽遯而入陰。其病危矣。然轉危爲安。亦遯之象。想大人可治。小人難也。○問婚姻。防後有離婚之憂。○問訟事。俗云三十六着。走爲上着。好遯之謂也。○問六甲。生男。

(占例)親交某來。請占氣運。筮得遯之漸。

爻辭曰。九四。好遯。君子吉。小人否。

斷曰。四居乾陽之首。乾曰見。不曰隱。乃四爲二陰所逼。超然遠遯。是遯而避害也。今足下占得第四爻。足下躬膺職位。亦知僚屬中。邪正不一。或外面情好敦篤。其中奸計百出。不可不防。足下知其然。不露聲色。决意引退。是明哲保身之要道也。爻辭曰。九四好遯。君子吉。小人否。謂君子飛遯離俗。則吉。小人溺情爵祿。則否矣。爻象如是。足下其審之。

後某果因官制改革。有非職之命。

○一日杉浦重剛氏來曰。方今爲千島艦事。以上海英國上等裁判所判决爲不當。將再向英國理論。其結局果否。如何。請筮之。筮得遯之旅。

爻辭曰。九四。好遯。君子吉。小人否。

斷曰。此卦陰長陽消。爲邪彊正弱之象。正者必反而受屈。卦象如是。今占千島艦判審事。得遯四爻。遯卦二陰在外。長而逼上。至四爻則陰勢已盛。陽氣殆盡。在外面雖假作情好。而內心實陰險莫測。核之千島艦之事。情形符合。我國因千島艦失事。據萬國公法。向彼理論。迭經審問。終不得直。蓋現今天下大勢。憑强弱。不憑曲直。亦事之無可如何者矣。爻辭曰好遯。是教我以退避也。即得退遯了事而已。

九五。嘉遯。貞吉。

象傳曰。嘉遯貞吉。以正志也。

五以陽居陽。剛健中正。雖與六二相應。能知時審勢。應變識幾。超然遠遯。貴遯也。不爲情移。不爲勢屈。意決而志正。洵可嘉美矣。故爻曰嘉遯。貞吉。象傳曰。以正志也。謂九五遯得其正。即可以正二之志。是不惡而嚴也。

(占)問戰征。正當敵勢强盛。能以潛遯而返。得保全師。亦可嘉也。○問營商。貨到該處。時價不合。而轉別地。得以獲利。可謂應變而不失其正也。故吉。○問功名。爻以九五爲尊。占得九五。是必功名顯達。位近台輔。伊尹曰。臣罔以寵利居成功。謂能以功成身退者也。故吉。○問家宅。此宅必是南陽諸葛之廬。栗里陶令之宅也。高風可尚。○問婚姻。二五本陰陽相應。有意議婚。五以其志不同。不允。另就他聘。吉。○問疾病。是陰邪糾纏之症。潛而遯避。可獲吉。○問六甲。生男。

(占例)予親友。永井泰次郎。其妻有娠。張筵招予。請卜男女。筮得遯之旅。

爻辭曰。九五。嘉遯貞吉。

斷曰。九五乾卦。以陽居陽。生男之兆也。乾爲父。艮爲少男。他年少男嗣父而續家老父讓產而隱居。故名此卦曰遯。且其辭曰嘉遯。貞吉。是有子克家之象。其後果生男子。

上九。肥遯。无不利。

象傳曰。肥遯无不利。无所疑也。

肥者。饒裕也。卦中諸爻。欲遯而多所係累。此爻獨無應無比。故無係累。不復勞顧忌。飄然遠引。所謂進退綽有餘裕者也。故曰肥遯。无不利。象傳曰。无所疑也。謂上爻居乾陽之首。其察勢也明。其見幾也決。首先高遯。絕無一毫之疑礙也。或謂嘉遯如殷微子。如漢張良。肥遯如泰伯伯夷。或又如漢之商山四皓也。

(占)問戰征。戰事宜進不宜遯。遯必不利。爻曰肥遯。无不利。其唯太王避狄遷岐乎。○問營商。商人謀利。往往羣焉競逐。今獨能人取我棄。以退爲進。則其退反得厚利。故爻曰肥遯。○問功名。其人必不以膏粱肥身。能以道義肥躬。故曰肥遯。无不利。○問家宅。此宅地位甚高。家道亦富。但利於求財。不利於求名。○問疾病。肥人氣虛。遯者。脫也。恐致虛脫。○問婚姻。恐女子貪戀富室爭寵。因而私奔。○問六甲。生男。

(占例)明治十八年三月。以中央亞細亞阿富汗境界事。生英獅露鷲之葛藤。凡新聞電信所報。論和論戰。主露主英。諸說紛紛。各國皆有戒意。即如我國。利害

所關。亦非淺鮮。因占其和戰如何。筮得遯之咸（明治十八年五月八日）

爻辭曰。上九。肥遯。无不利。

斷曰。內卦爲山。屬英。外卦爲天。屬露。山艮而止。今觀英國所爲。雖頻修戰備。不過虛張聲勢。其實無意於戰也。何者。英之海軍雖强。至如阿富汗中央亞細亞地方。不能專用海軍。若陸軍。在英兵數不多。僅足護國而已。且蘇丹之役。已分遣陸兵不少。他如印度兵。雖派遣於阿富汗高寒之地。不能盡得其力。加之印度。各分宗敎。兵士各守其宗規。糧食亦不足。即驅而用之。豈能當强露乎。故欲戰不得不用海軍。用海軍之處。有關通商航海之障礙。可以牽動各國。即可以壓制露國。在英國無心開戰。可於艮止而得其象也。天乾而健。今觀露國所爲。露國遵奉彼得帝遺訓。知進而不知退。意在鯨呑各國以爲快。可見露國有意開戰。合內外卦則爲遯。是遯爲英國之氣運。遯反卦爲大壯。是爲露國之氣運。在英之對露。唯有嚴其守備。使露無隙可乘。即可斷英露交涉之結果也。

䷡

雷天大壯

序卦傳曰。物不可以終遯。故受之以大壯。遯者。陽之退。大壯者。陽之進。无往不復。大壯所以繼遯也。卦體乾下震上。乾剛在下。加以震陽在上。乘健而動。動而愈剛。壯往之勢。進而不止。既壯又大。是四陽之過也。故卦曰大壯。

大壯利貞。

陽爲大。陽長至四。堅實而壯。故曰大壯。三陽爲泰。至四而稱壯。壯而曰大。壯之過也。乾曰。元亨利貞。震曰。亨。大壯不曰元亨。獨曰利貞。而六爻又多戒辭。恐其失正而動。動必得咎。是知大壯非易之所貴也。

彖傳曰。大壯。大者壯也。剛以動。故壯。大壯利貞。大者正也。正大而天地之情可見矣。

此卦下乾上震。震者雷也。乾者天也。乾在下爲剛。震在上爲動。剛而動。動得其剛。則剛而愈動。壯盛之勢。莫之能遏。此壯之所以曰大也。夫大莫大於天地。天地之動。得其正。則四時行焉。百物生焉。其大也。即其正也。故大壯必曰利貞。貞者。正也。大壯利貞。大者正也。大而正。則其壯也配義與道。可充塞于天地之間。而天地之情。即於此可見矣。

以此卦擬人事。爲其人生性本剛。而復逞其發動之氣。乘剛而動。邁往直前。非不足以有爲也。然過剛則折。過勇則蹶。敗事之咎。即在此大壯中也。雜卦傳曰。大壯則止。其以此也。大壯首曰利貞。利貞者。利於貞。貞即謂正。所謂大者正也。卦體震上乾下。乾本健行。至上九陽極則亢。是以有悔。震主震動。而爻象皆言恐懼。可知易道惡其過剛。越禮違謙。往必不利。故君子戒之以勿履。惕之曰用罔。故以柔濟剛。以靜定動。則動如無動。而剛若不剛。則見壯即見正也。孟子所謂至大至剛之氣。其在斯乎。

以此卦擬國家。爲國運壯盛之時也。上卦曰遯。四陽在上。二陰浸長。此卦反之。

四陽在下。二陰浸消。陽長陰消。乘剛而動。故曰大壯。大者壯也。是君子日進。小人日退。國運全盛。正在此時。然國運過盛則侈。卦象過壯則暴。侈與暴。皆失其正。故大壯必曰利貞。貞之爲言正也。非正無以成其大也。大而正。斯剛不過剛。動無過動。是以正而用壯。大者壯。即大者正也。象所云君子非禮弗履。禮即正。非禮即非正。君子亦用其正而已。夫子所謂政者正也。正則行。不正則不從。垂戒深矣。故六爻多戒用壯。初懲以凶。三戒以厲。五敎以易。上惕以艱。惟二四兩爻。得其貞吉。蓋易道惡其太過。以得中爲吉。治道亦然。此王者所以貴持盈而保泰也。

通觀此卦。卦體乾下震上。卦象內剛外動。乘此陽之正壯。以逼陰之將夬。疑若易易。然陰方得位。未可遽逼。剛不可恃。進不可躁。故君子必以禮爲履也。大壯反卦爲遯。遯。退也。二陰方進。其退不可不決。大壯。進也。二陰未退。其進不可太猛。雜卦傳曰。大壯則止。遯則退也。其卦義相反如此。而爻象亦皆先後互反。以上卦震體雖同。下卦一巽一離。乾健也。巽順也。故進退不同。陰進則陽退。陰退則陽進。此大壯所以繼遯也。六爻分屬二卦。內三乾體。外三震體。以二五爲得中。初爻爲乾之始。一往直前。知進而不知退。故凶。二爻爲乾之主。喜得其中。而尤不失其正。故吉。三爻居乾之終。小人指初。君子指二。罔謂法網。即君子懷刑之意。蓋合初與二。分言以明之也。四出乾入震。爲壯之主。以陽處陰。動不違謙。故得吉而悔亡。五爻居震之中。能於平易之時。柔而得中。不用其壯。故无悔。上居震之極。進退維谷。何利之有。維能凛之以艱。則吉。總之持盈保泰。壯乃得吉。越禮違謙。壯必有悔。是必如三之用罔。而不用壯。斯爲處壯之要道也。玩易者其審之。余讀大壯一卦。而有慨夫維新先後之義士也。當幕政初衰。妄施議論。不知忌諱。即所謂初之壯趾凶也。著書立說。有主尊攘。以興起天下之大義者。如二之得中貞吉也。方其列藩應義。羣材奮興。或躁或緩。邪正不一。禍福攸分。如三所謂用壯用罔之不同是也。或有愼禮守謙。不失其壯。能以尚往得吉者。如四之決藩不羸是也。或有居易預防。不涉險難。以退爲進。而无悔者。如五之喪羊于易是也。至若方今當路大臣。皆出是昔年創義藩士。歷盡艱危。而得際其盛者。如上六之艱則吉者是也。要之廢藩諸士。忠肝義膽。國而忘身。均可嘉尙。其間成敗禍福。亦各自取。用壯用罔。實足爲前事之鑑也夫。

大象曰。雷在天上。大壯。君子以非禮不履。

大象震雷發於乾天。勢力强壯。故名曰大壯。夫隨復豫大壯。四卦皆得震體。故皆取象於雷。隨雷入澤中。陽勢漸收。是謂秋雷。復雷入地中。陽勢已微。是謂冬雷。豫雷出地奮。陽勢方盛。是謂春雷。大壯曰。雷在天上。陽勢健盛。是謂當令之夏雷也。君子則之。謂雷之發聲。必以其時。不時則爲災。君子之踐履。必由於禮。非禮則有悔。乾爲行。震爲足。有履之象。乾之象曰。君子自强不息。震之象曰君子恐懼修省。合而言之。君子因欲自强。唯以非禮而履者。爲可懼耳。即夫子所謂非禮勿視。非禮勿聽。非禮勿言。非禮勿動之旨也。

(占)問戰征。軍盛强盛。有疾雷不及掩耳之勢。但兵驕必敗。所當深戒。○問營商。雷在天下。是貨價高叶之象。得價而售。不可過貪。○問功名。雷聲遠震。必得成名。○問家宅。防有火災。宜禱。○問疾病。震爲雷。亦爲足。防有足疾。不能行也。○問婚姻。震爲乾之長子。巽爲坤之長女。是天合也。吉。○問失物。雷一過而無形。恐此物不能復得。○問六甲。生男。

初九壯于趾。征凶。有孚。

象傳曰。壯于趾。其孚窮也。

初居大壯之始。在下卦之下。在下而動。故曰壯于趾。震爲征。故曰征。邁征而往。有急起直追之勢。無視履考祥之念。是以凶也。故曰征凶。有孚。象傳曰。其孚窮也。謂初雖與四應。初既窮其所往。四又隔遠。無能爲力也。故曰其孚窮也。

(占)問戰征。壯趾征凶。爲孤軍深入者戒也。有勇無謀。是以凶也。○問營商。貨財販運。有不脛而走不翼而飛之妙。然不度消路。而貿然而往。何能獲利。故凶。○問功名。初本在下。曰趾。則動亦在下。功名必卑。○問家宅。趾。止也。此宅宜安止。不宜遷動。動則有凶。○問婚姻。防女有足疾。征凶。有孚。謂雖有聘約。其孚窮也。

○問失物。此物已被足所踐踏而壞。○問六甲。生男。

(占例)友人某來。請占事業之成否。筮得大壯之恒。

爻辭曰。初九。壯于趾。征凶。有孚。

斷曰。初爻居乾之始。在內卦之下。是必發事謀始。機會未至。而足先欲動者。故有壯趾之象。足下占事業。而得大壯初爻。知足下志在速成。當謀畫未詳。經驗未定。而貿然前進。不特無利。且有凶也。故曰壯于趾。征凶。有孚。壯于趾征凶者。謂輕舉而取失敗。有孚者。謂徒有此約信也。此事須待時而動。緩圖則吉。今乃倉卒求成。是以凶也。友人不用此占。急遽興業。遂致失策而傾家。後有人以資金三分之一。繼承其業。反得大利。

九二。貞吉。

象傳曰。九二貞吉。以中也。

全卦諸爻。皆失於過剛。唯二爻爲得中。中者不偏之謂也。二與五應。無牴觸之失。是以無過不及。而進退適宜。故不言壯。不言正。直曰貞吉。蓋即以彖之利貞歸之。而著其吉也。易道雖貴扶陽抑陰。然陽剛過盛。亦失其中。故必抑其過剛。以就其中。中則正。正則吉也。象傳曰。以中也。以九二當下卦之中。剛而能柔。所處得中也。

(占)問戰征。以中營得力。故能獲勝。吉。○問營商。以貨價適宜。得其時中。可獲利也。○問功名。恰好中式。吉。○問婚姻。雀屏中選。吉。○問家宅。此宅坐而朝東。地位適中。大吉。○問疾病。病在中焦。宜用潛陽滋陰之劑。自得痊愈。吉。○問訟事。得中人調劑。即息。○問六甲。生男。○問行人。已在中途。即可歸也。

(占例)某會社社長。來請占氣運。筮得大壯之豐。

爻辭曰。九二。貞吉。

斷曰。此卦四陽在下。二陰在上。陽大陰小。剛浸而長。故曰大壯。足下占會社而得二爻。可見社中資金充裕。足以有爲。足下身任社長。所當以柔濟剛。以靜制動。從容辦事。不期速效。謙和有禮。進退悉中。自能徐徐獲益。吉無不利也。後二年。至四爻。四爲大壯之主。可得大利。後果如所占。

九三。小人用壯。君子用罔。貞厲。羝羊觸藩。羸其角。

象傳曰。小人用壯。君子罔也。

羝羊。牡羊也。三至五體兌。爲羊。故取象於羊。卦體純剛。故曰羝羊。以喩剛陽之盛也。三當內卦之終。逼近外卦。乾剛震動。壯象將成。小人處此。必將恃其壯而壯焉。是謂用壯。君子有其壯。而不敢自居其壯。一若未嘗有壯也。故曰用罔。罔。無也。京房曰。壯一也。小人用之。君子有而不用是也。三以陽處陽。重剛不中。雖貞亦危。故曰貞厲。君子因其厲而益加强焉。朝乾夕惕。時以非禮自防。不敢或逞其壯。所謂以有若無也。九四體震。爲竹葦。故曰藩。藩所以閑羊。四在前。三觸之。故曰羝羊觸藩。象小人之用壯也。羸。鄭虞作纍。爲拘纍纏繞。羸其角。角。羊角。謂羊觸藩。其角爲藩所拘纍。而不能出也。以喩用壯之危。小人用壯。當知所返矣。君子用罔。斯可免危矣。象曰。小人用壯。小人第知有壯。君子罔也。去一用字。

益見君子之不用。所貴歛之以無也。一說罔。法網也。君子知壯之爲厲。凛凛然以刑網爲戒。即君子懷刑之意。亦通。

(占)問戰征。善戰者審機察敵。不敢妄動。恃勇者逞强善鬪。孤軍直入。致陷險地而不能出。是以凶也。○問營商。自恃資財之富。任意壟斷。一至貨物毀折。無地消售。必遭大損。善賈者當無是慮。○問功名。鹵莽者必敗。謙退者成名。○問家宅。此宅地位。旣高。建屋宜低。屋高恐有震陷之災。○問疾病。病由血氣過剛。藥宜調血下氣。○問訟事。以忍氣受屈。息訟爲宜。若健訟不休。訟則終凶。○問婚姻。兩姓或一貧一富。若富者恃富凌貧。以致夫妻反目。凶。○問六甲。生男。

(占例)友人某來。請占商業盛衰。筮得大壯之歸妹。

爻辭曰。九三。小人用壯。君子用罔。貞厲。羝羊觸藩。羸其角。

斷曰。此卦內卦乾父。外卦震子。是父主謀於內。子幹事於外。父子協力。以創興家業。財力旺壯。故曰大壯。足下占商業。而得三爻。以陽居陽。爻位皆剛。若徑情直往。其壯强之勢。幾可壓倒同業。然過剛必折。恐反爲同業所軋。必遭窘辱。如羊之觸藩而不能出也。善賈者堅貞自處。不敢挾富而生驕。亦不敢恃才而自侈。雖有其壯。而不用其壯。斯得處壯之方。即得生財之道也。足下其熟審之。後友人乘壯用事。果爲同業所擠。損失數萬金。

○明治二十七年五月中旬。我國駐剳英國公使某。罹病。友人某憂之。請余一占。筮得大壯之歸妹。

爻辭曰。九三。小人用壯。君子用罔。貞厲。羝羊觸藩羸其角。

斷曰。此卦陽長之卦。三爻又以陽居陽。震爲木。木屬肝。是必肝陽過盛。脾陰受尅之症。某公使素體壯健。醫者因其壯而誤爲實火。一味瀉肝息陽。而元氣愈虛。肝陽愈燥。病至不可藥救。是謂用壯之誤也。善醫者當以育陰潛陽治之。所謂用罔也。至論爻象。三爻變爲歸妹。歸者。歸也。至四爻變泰。則病可療。今當五月中旬。必過此一月後。可望平愈。然恐不及也。後某氏之病。果以翌月四日遂亡。

九四。貞吉。悔亡。藩決不羸。壯于大輿之輹。

象傳曰。藩決不羸。尚往也。

九四。出乾入震。爲震之始。以陽居陰。不極其剛。故得吉而悔亡也。三之有藩。藩在四也。四前二陰。則藩決矣。輹。車軸縛也。坤爲大輿。震上二陰得坤氣。故亦曰大輿。腹壯則輿强。言行遠而無碍也。率此以往。壯而不見其壯。悔何有焉。象傳曰。藩決不羸。尚往也。謂壯得其貞。乃可許其前往也。

(占)問戰征。前途城垣已破。車馳馬逐。長征可無阻也。○問功名。九四互乾。辰在戌上值奎壁。壁主文昌。所以祟文德也。功名必顯。王良五星在壁北。主車馬。大輿之象。雷電六星。亦相近。主輿雷。即震雷之象。○問營商。可許滿載而歸。吉。○問家宅。此宅當車馬往來之地。宅前藩籬破落。急宜修整。○問疾病。人以髮膚爲藩衛。以心神爲輿馬。髮膚破裂。心神搖蕩。病不久矣。○問婚姻。車脫輹。夫妻反目。非佳偶也。不吉。○問六甲。九四爲震之始。震一索得男。爲長子也。

(占例)明治二十七年九月。大本營之進廣島也。

大元帥陛下。將發親征。恭筮一卦。得大壯之泰。

爻辭曰。九四。貞吉悔亡。藩決不羸。壯于大輿之輹。

此卦四陽連進。上決二陰。其勢盛大。故曰大壯。今我以整整堂堂之軍。興征清之師。懲其不逞。彼嚴兵固壁。尙不能當。況其藩衛已決。何能禦我乎。恍如驛大車於坦途。所向無前。戰必勝。攻必克。可預決也。爻象如此。其吉可知。因呈此斷於某貴顯。

六五。喪羊于易。无悔。

象傳曰。喪羊于易。位不當也。

上卦互兌。兌爲羊。五正是羊。喪。亡也。易音亦。陸作埸。謂疆埸也。易埸古通字。乾爲郊。郊外謂之牧。五當乾郊外疆埸之地。畜牧之所也。畜牧有藩。防其逸也。卦以震之下畫爲藩。三觸之。四則藩決矣。五則羊逸。羊逸于易。所謂大道多岐而亡羊。故曰喪羊于易。五居震卦之中。偶畫爲陰。易爲曠郊陰地。陰爻而入陰地。不見其壯。故象爲喪羊。且羊性剛鹵。喜觸。无羊則无觸。无觸則无用壯之悔。故曰无悔。旅上九曰。喪牛于易。易亦作埸。旅宜柔。喪其柔。是以有凶也。大壯惡剛。喪其剛。是以无悔也。象傳曰。位不當。謂无悔在得中。不在當位。猶九二之貞吉。象曰。以中。亦不在位也。總之大壯一卦。彖所稱利貞。以事理言。不以爻位言也。明矣。易字。鄭謂交易。本義讀作以智切。音異。謂容易也。義各有取。

(占)問戰征。三爻曰羝羊觸藩。有攻擊之象。喪羊則无觸。而戰事可平。○問營商。易。鄭謂交易。有經商之義。喪。亡也。恐有小失。然无大悔。○問功名。以得爲吉。以喪爲凶。亡羊補牢。未爲晚也。晚年可望。○問家宅。此宅在郊外空曠之處。於牧畜不利。○問疾病。喪凶象。不吉。○問婚姻。牽羊擔酒。昏禮也。无羊。婚禮不成。○問六甲。生女。

(占例)友人某來曰。頃日有一種貨物。可居奇獲利。請占一卦。以定盈虧。筮得大壯之夬。

爻辭曰。六五。喪羊于易。无悔。

斷曰。此卦四陽在下。其勢甚壯。故名大壯。今占得第五爻。五處外卦之中。二畫爲陰。壯勢已失。爻曰。喪羊。是必有喪而無得。友人曰。臺灣之事。購入軍中所需食料品物。他日與淸開戰。實一大賣買也。後聞得平和之信。頓爲驚愕。遂遭大耗。三年之後。猶不得償全額云。

○明治二十七年十一月二十日。某貴顯來訪曰。目下旅順口形勢如何。試爲一占。筮得大壯之夬。

爻辭曰。六五。喪羊于易。无悔。

斷曰。以我國占旅順。旅順屬淸。是外國也。今占得五爻。五居外卦之中。當以我國爲內卦。旅順爲外卦。喪者淸國。得者我國也。爻辭。喪羊于易。易。謂容易也。此番旅順之失。在淸國若不自覺其亡也。而我得之。亦不覺何以得也。蓋不須力戰而得之也。數日內。當必有捷報到來。後數日。旅順陷。果如此占。

上六。羝羊觸藩。不能退。不能遂。无攸利。艱則吉。

象傳曰。不能退。不能遂。不詳也。艱則吉。咎不長也。

上處外卦之終。與三相應。上之羊。猶是三之羊。上之觸。猶是三之觸。三雖羸角。乘剛而動。力能決藩。亦可進也。即不能進。尙可退也。至上勢衰位極。爻處重陰。後路既斷。前路又窮。將安歸乎。不曰不能進。而曰不能遂。言終不能遂其壯往之願也。視三之羸角困益甚焉。利何有也。因退遂之不能。而惕之以艱。毖後懲前。非禮弗履。亦何難轉咎爲吉哉。象傳所謂不詳也。言其不能視履考祥。故至退遂之兩窮也。所謂咎不長也。言能知其所艱。則謹愼自守。壯終於此。咎亦終於此耳。

(占)問戰征。六處爻之窮。如追窮寇也。恃勝深入。及爲敗軍所困。進退無路。凶道也。○問營商。是一意居奇積貨不售。至時過價賤。只要保本。而亦不得。其因甚矣。○問功名。在上爻有位高而危之象。若戀戀不退。一旦禍及。欲退不能。悔已晚矣。○問家宅。上爻居震之極。震爲響。宅中必有震響。震又爲木。木動尅土。恐有土精出現。土精爲羊。其宅不利。所當艱難自守。至之卦爲晉。晉曰錫馬蕃庶。則可轉咎爲吉。○問婚姻。未及詳探。一時已定。玆要改悔。必不能也。現當知苦困守。久後必佳。〇問六甲。生女。

（占例）一日過訪杉君。閑談移晷。杉君謂余曰。昨夕有偸兒入我倉庫。窃取物品若干。中有勳章禮服。是貴重之品也。未審可復得乎。子試筮之。筮得大壯之夬。

爻辭曰。上六。羝羊觸藩。不能退。不能遂。无攸利。艱則吉。

斷曰。上爲爻之極。賊窃得勳章禮服。貴重之品。在賊既不能轉售。又不能自用。賊無所利。計亦窮矣。爻曰。羝羊觸藩。羊性剛鹵。以喩賊之鹵莽也。觸藩者賊。或將以此貴物。置之於隣近藩落間乎。君請搜尋之。後果於隣邸牆垣上。尋得之。杉君大爲贊稱。

增補高島易斷

䷢ 火地晉

卦體上離下坤。坤爲地。離爲火。坤之象曰。行地無疆。行即進也。離之性曰爲火炎上。炎上亦進也。且物之善進者。莫如牛馬。坤爲馬。離爲牛。皆能行遠。有進往之象。火。明也。地。順也。明則足以燭遠。順則足以推行。又有進長之義。按晉。進也。晉古文作𣈆。从臸从日。臸正字通。即刃切。音進。前往也。上升也。序卦傳曰。物不可以終壯。故受之以晉。此晉所以繼大壯也。

晉。康侯用錫馬蕃庶。晝日三接。

卦象上明下順。離明爲日。故象君。坤順爲臣。故象臣。合之爲君明臣良之象。坤爲國。爲邦。故謂侯。坤爲康。康。安也。坤爲馬。故謂馬。坤爲衆。故謂蕃庶。離爲日。故謂晝。蓋爻稱康侯者。謂明臣也。明臣昇進。天子美之。賜以車馬蕃庶。言車馬之多也。晝日三接者。言不特賜錫之多。且覲見之頻。一晝之間。三度接見也。

象傳曰。晉。進也。明出地上。順而麗乎大明。柔進而上行。是以康侯用錫馬蕃庶。晝日三接也。

此卦離日坤地。取象日出地上。日出地而上進。光昇於天。明麗於地。順而柔者坤也。麗而明者離也。大明者。明君也。上行者。臣之昇進於上也。謂其時天子大明在上。諸侯恭順在下。明良相濟。君臣一德。天子褒賞勛功。蕃錫車馬。一晝三覿。寵錫甚隆。品物蕃多也。接謁甚優。問勞再三也。考大行人一職。曰諸公三饗。三問三勞。諸侯三饗。再問再勞。子男三饗。一問一勞。即天子三接諸侯之禮也。錫馬。即覲禮所謂四馬卓上。九馬隨之也。

以此卦擬人事。在國爲君臣。在家爲父子。離下巽上爲家人。曰家人有嚴君焉。坤爲母。亦爲民。有母子之象焉。父在上而明察。有義方。無溺愛也。子在下而順從。有孝敬。無忤逆也。由此以齊家。則上明下順。而一家和睦。盤匜潔甘旨之奉。門庭來歡樂之休。先意承志。順之至也。和氣婉容。柔之正也。麗乎大明者。繼志而達孝也。進而上行者。入侍而承歡也。國曰康侯。即家所稱孝子神孫者也。錫馬蕃庶者。國有恩錫。猶家之有慶賞也。晝日三接者。觀禮謂三饗三問三勞。猶世子所稱朝問安。晝視膳。夜視寢者是也。大學言修齊。首稱明明德。唯其有離明之德。斯進而修身。進而齊家。進而治國平天下。由是道也。此晉卦所以取象於明出地上也夫。

以此卦擬國家。上卦爲政府。得火之性。能啓國運之文明。下卦爲人民。得地之性。能柔順而上進。上以其明照臨夫下。下以其順服從夫上。象曰明出地上。謂日之初出。漸進漸高。喻明君之擢用賢臣。登進上位也。順必麗夫明。則順乃有濟。柔必進於明。則柔得其正。不然。順以取悅。轉致蔽其明也。柔而生暗。必不能以行也。故彖辭曰順而麗乎大明。柔進而上行。此晉之所以言進也。曰用錫馬蕃庶。用謂用以賞錫也。如采菽一詩。所云君子來朝。何錫予之。雖無予之。路車乘馬者是也。晝日三接者。行覲禮。一也。三饗三致命。降西階拜。二也。右肉袒。入廟門。出屏南。後入門左。王勞之。再拜。三也。此爲元首明哉。股肱良哉。一時遠臣來朝。天子燕饗。物美禮隆。賜予之厚。接見之頻。典甚重也。歷觀六爻。初爲始進。故有摧如之象。二之愁如。亦凜初之摧如而來也。三則不摧不愁。而衆允孚矣。此爲內卦。得坤之柔而進也。四不當位。故有鼫鼠之戒。五爲卦主。則往有慶也。上處離之極。離爲戈兵。故曰伐邑。此爲外卦。得離之麗而明也。象曰。君子以自昭明德。君子者。即離卦所稱明兩作離之大人也。

通觀全卦。卦體從大壯來。上卦變震之下畫而爲坤。下卦變乾之中畫而爲離。晉進也。壯則行之。是以進而上行也。象曰。明出地上。明即謂離。地即謂坤。出即所謂上行也。日之光明在天。日之照臨在地。日以明而上行。不明不特不見行。且不見爲日也。六爻皆言晉。而晉各隨其先後以爲象。初爲進步之始。人或不我孚也。宜寬裕以處之也。二進於初。二雖懷愁。已見其吉而受福也。三則又有進矣。罔孚者。忽而共孚。衆心允服。悔何有焉。內三爻得坤之順。故皆吉。四當外卦之始。出震入離。首鼠兩端。有一前一却之象。雖貞亦厲。五爲卦主柔進上行。故往。吉无不利也。上處晉之極。角。即大壯羝羊之角也。進而不順。必致吝也。外三爻當離之位。高而難進。故多厲。蓋離之配卦十有六。象之最美者。莫如晉大有。大有明在天上。其明最盛。晉明出地上。其明方新。明之方新。其進貴柔。六爻中四上兩爻。曰厲。四進非其道。故如技窮之鼠。上窮而又進。故有晉角之危。皆失柔進之道也。聖人微顯闡幽。憂患作易。故于晉明之世。猶必以貞厲貞吝爲戒。初二三五之吉。正所以勸其進也。自明其德。用以明天下之德。旨在斯乎。

大象曰。明出地上。晉。君子以自昭明德。

日西入爲夕。東出爲旦。方其始出。漸進漸高。愈高愈明。光無不照。幽隱徧燭。即晉之象。君子法此象以自明其德。德。心之德也。與生俱來。靈明夙具。本無一毫私欲。得而蔽掩。猶日之初出於地。滄滄涼涼。明光畢照。本無一些雲翳。自昭明德。昭。即明也。所謂自明明德。明德而猶待於明。此事不容假貸。唯在自知之而自明之耳。君子切而責之於自。致知格物。以啓自昭之端。誠意正心。以致自昭之實。謂之君子以自昭明德也。

(占)問時運。正當好運新來。猶朝日初出。漸升漸高。明光普照也。吉。○問戰征。當大軍初發。順道而進。宜日戰不宜夜攻。○問營商。最利煤炭地火等生業。取其明也。吉。○問功名。有功名指日高陞之象。吉。○問婚姻明娶正配。吉。○問訟事。宜返而自訟。○問家宅此宅朝東南。高敞明朗。得太陽吉曜照臨。大吉。○問六甲。生女。○問失物。在明堂中尋之得。

初六。晉如摧如。貞吉。罔孚。裕无咎。

象傳曰。晉如摧如。獨行正也。裕无咎。未受命也。

初居下卦之始。柔進上行。自初起。首曰晉如。若欲進而未果。繼曰摧如。若有摧而見阻。初與四應。四不當位。不特不應。且所以摧初之進者。實四爲之也。然雖見摧。唯其得貞。是以吉也。罔孚者。推其摧之由來。雖四爲之。亦由上下之交未孚耳。坤爲裕。故曰裕。當其未孚。或汲汲以干進。或悻悻而懷忿。皆所以取咎也。唯雍容寬裕。樂道自處。咎何有焉。故曰裕无咎。象傳曰。獨行正也。謂摧者不正。

晉者能獨行其正耳。无咎。未受命也。謂其未受錫命。祗宜寬裕以待之耳。

(占)問時運。目下好運初來。雖无災咎。尙未盛行。宜遲緩以待之。吉。○問戰征。初次行軍。衆心未定。宜寬以待之。吉。○問營商。貨物初到。商情未洽。宜寬以時日。早則四日。遲則四月。到四爻曰衆允。則貨可旺消。必大獲利。○問功名。功名固所自有。不可知者遲早耳。宜寬懷以俟。○問家宅。此宅本吉。一時未許進居。爲兩情未洽。緩則必成。○問婚姻。因探聽未確。遲緩可成。○問失物。日後可得。○問疾病。宜寬緩調養。可愈。○問六甲。生女。

(占例)某縣人來。請占志願成否。筮得晉之噬嗑。

爻辭曰。初六。晉如摧如。貞吉。罔孚。裕无咎。

斷曰。晉者進也。晉當初爻。是進步之初也。摧如者。欲進而有所摧折也。進者雖正。無如人不我信也。今足下占問志願。而得初爻。知足下品行端正。才具可用。但一時衆情未孚。是以欲進又阻。初與四應。四不應初。反來阻初。料足下所託謀事之人。此人不能相助。反致相毀。故一時難望遂願。宜到四三爻曰。衆允之日。

志願可遂。一爻一月。大約在四月以後。大吉。其人嘗携建議書。請謁某貴顯。不能面達。反受警部之辱。得此占所云。大有感悟。

六二。晉如愁如。貞吉。受茲介福。于其王母。

象傳曰。受茲介福。以中正也。

愁如。不悅之意。與摧如不同。愁者在我。摧者爲人所阻。然二之所以愁如。實因初之見摧而來也。居中履正。故貞吉。介福。謂大福。王母以二與五相應。五王位。坤陰。坤爲妣。故曰王母。王母。即所謂太后也。二屬坤。坤通乾。乾爲介福。按井三曰。王明受福。既濟五曰。實受其福。井三既濟五。皆得乾體。其福蓋皆受之於乾也。二又互艮。艮爲手。手持福以與二。二受之。故曰受茲介福。九家易云。介福謂馬與蕃庶之物也。象傳曰。以中正也。謂其守此中正。不以无應而回其志。故終得受此大福也。

(占)問時運。目下運非不佳。但所求多阻。中心未免憂結。能守正不改。終必亨通。

大利。○問戰征。前番進攻。既遭摧折。今此再進。殊切愁懼。然能臨事而懼。後必獲吉。六二與六五相應。六五辰在卯。上値氐房心尾。氐星前二大星。主后妃。故取象王母。禱之。則有福。○問營商。因前販之貨。已被折耗。今玆未免懷愁。故曰晉如愁如。惟中正自守。至五爻乃曰失得勿恤。往吉无不利。蓋勸其勿必憂愁。而自然獲福也。○問功名。今雖憂愁。至五爻曰。往有慶。蓋二年之後。即可獲吉。○問婚姻。吉。但目下不就。須待第三年可成。當有祖母爲之作主。○問家宅。當遷居。與祖母同居共食吉。○問失物。久後可得。○問六甲。生女。

(占例)明治五年。余隨陸軍大佐福原實氏。赴讚州。謀築兵營。時坐輪船中。福原氏曰。方今我國形勢。前途未可知。請試一占。筮得晉之未濟。

爻辭曰。六二。晉如愁如。貞吉。受玆介福于其王母。

斷曰。晉者進也。欲進而愁其見摧。是進而未能進也。故爻曰晉如愁如。六二以陰居陰。但得中正。與初爲比。因初之摧。倍切憂思。可謂臨事知懼。故得貞吉今占我國時勢得此爻。我國自維新以來。力圖進取。以啓文明。初時內爲舊藩士。

意見不合所阻。外爲泰西各國。風教不同所困。下又爲民人改革不便所擾。是以欲進而未能遽進。茲當二爻。二與五應。五屬尊位。知當道大臣。蒙我
皇上帝心簡在。上下一心。固不敢畏難思退。唯是進步艱難。日切憂慮。此即爻辭之所謂晉如愁如是也。當日三條公以下。諸位大臣。秉正謀國。不特受知於
皇上。且爲　太后所信任也。此即爻辭所謂受福於王母是也。就前後爻辭而詳推之。初爻則屬之前事。二爻則屬之今日。二五相應。是即象所稱康侯者也。三爻則初之罔孚者。而衆孚矣。得以上行无悔。四爻則恐有讒邪在位。如鼠之晝伏夜行。進退詭祕。意將竊弄政權。爲宜戒也。五爻當君位。是明君在上。殷殷焉爲諸臣勸駕。曰失得不恤。往吉无不利。蓋指二之愁如者言。謂失得不足憂。往則无不利。有慶者。即受福之謂也。上爻居離之極。離上王用出征。故五爻亦用伐邑。謂再有摧我者。當以王師討之。使不敢復阻我前進也。爻象一爻。或當一年。或當十年。可以定數求之。統之晉者進也。繼大壯而來。爲宜柔順上行。不宜剛健躁進。蓋取坤之順而在下。尤必取離之明而在上。君子自昭明德。胥是

道也。武功必先文德。上爻之伐邑。知亦不得已而用之耳。我國明良交際。文武兼修。國富兵强。日進日盛。正萬年有道之休也。豈不休哉。

福原氏聞之。大爲感服。

六三。衆允。悔亡。

象傳曰。衆允之。志上行也。

三居內卦之上。與四爲比。剛阻於前。似宜有悔。允。信也。六三辰在亥。得乾。乾爲信。三比近初二。又與初二同心并力。合之爲三。三人成衆。故衆允。外卦爲離。離取其明。所謂克明克允是也。衆允則四不能擢。故悔亡。古今來爲國謀事。要皆以衆心之向背爲成敗者也。衆心不順。其事雖正。卒無成功。孟子所謂多助之至。天下順之者。衆允之義也。初之罔孚。未信也。三之衆允。見信也。孔子所謂信而後諫。信而後勞其民。事上使下。道在是焉。象傳曰。衆允之。志上行也。二與上應。志在上行。故能與衆同信也。

(占)問時運。目下災悔已去。大衆悅服。故吉。○問營商。初時爲衆所擢。不能獲利。今衆情和睦。可以无咎。賣買皆利。○問戰征。衆志成敗。戰必勝。克必攻。上行無悔。○問功名。得衆人推舉乃成。○問家宅。主眷屬和睦。吉。○問婚姻。兩姓和諧。吉。○問訟事。得有三人出而理處。兩造允從。无悔。○問六甲。生女。

(占例)九州商人某來。請占購賣某大會社物品。成否如何。筮得晉之旅。

爻辭曰。六三。衆允。悔亡。

斷曰。卦體下順上明。顯見以明白無欺。柔順得衆爲要。今占購賣物品。而得晉三爻。知其在初爻。已欲購賣。爲人所擢折不成。二爻又欲賣之。爲已多愁慮未定。茲當三爻。已見衆心允洽。雖四爻爲貪人。意欲從中取利。然因大衆已允。亦不復阻止矣。准可購賣。无悔。

九四。晉如。鼫鼠貞厲。

象傳曰。鼫鼠貞厲。位不當也。

四爻以陽居陰。不中不正。當上下四陰之中。上互坎。下互艮。坎爲隱伏。艮爲鼠。坎隱而傷明。艮止而傷順。無其德而居其位。上承陰柔之主。竊弄威權。下抑衆陰。使忠言不得上達。以隔絕上下之交者也。其貪戾之性。猶如鼫鼠。故曰晉如鼫鼠。自來奸臣得位。其性點諂。其志貪殘。晝伏夜動。詭祕百端。竊威弄權。狡同社鼠。一旦明德當陽。察識奸邪。渾如碩鼠見猫。罔不捕滅。故曰貞厲。象傳曰。不當位也。謂斯不當居斯位。爲竊位也。按解之卦。以陰居陽。象狐。晉之卦。以陽居陰。象鼠。此卦互體艮。一陽在上。故稱鼫鼠。狐性疑。在解當去其疑。鼠性貪。在晉當去其貪。取象各有所當。

(占)問時運。運有蹊蹺。宜光明正大處之。若持首鼠兩端之見。好爲狡詐。必凶。○問戰征。晉彖曰晝日三接。或曰接即捷。言一晝間而得三捷。若疑而又貪。如鼠之晝伏夜動。則危。○問功名。爻曰鼫鼠。鼫鼠謂五技皆劣。是必不能得志也。○問營商。鼠性貪。貪無不敗。防爲同夥貪財致敗。○問家宅。鼠爲穴蟲。善盜。宅多鼠。必主耗失。不利。○問疾病。詩云。鼠思泣血。或有嘔血之症。又曰鼠憂以痒。或有疥瘡之疾。是亦可危。○問訟事。首鼠兩端。是一卻一前。一時不能決也。○問行人。晝伏夜行。必有事故。一時不歸。○問失物。已入鼠穴不得。○問婚姻。鼠爲鼠竊。婚姻不正。○問六甲。生女。

(占例)商人某來。請占家政。筮得晉之剝。

爻辭曰。九四。晉如鼫鼠貞厲。

斷曰。卦體順麗大明。柔進上行。足見主家者。公明在上。一門柔順和樂。有家業日進之象。今占得四爻。以陽居陰。位不得正。鼠爲穴蟲。晝伏夜動。貪而畏人。陰物也。四爻如之。故爻辭曰。晉如鼫鼠。料足下家中必有鼠竊之徒。管理家務。如詩所詠碩鼠碩鼠。一則曰食苗。再行一曰食穀。知盜食家產。爲禍非淺。故曰貞厲。言家道雖貞。亦厲也。足下其審之愼之。

○子爵五條爲榮君。將遷居西京。請占其吉凶如何。筮得晉之剝。

爻辭曰。九四。晉如鼫鼠貞厲。

斷曰。此卦內坤外離。爲晉。象曰。明出地上。出於東爲明。日入于西爲晦。卦德在明。是宜東不宜西也。今君將移居西京。辭舒歸隱。占得晉四爻。按晉者爲進。不宜於退。日出在東。不宜就西。象皆不合。四爻辭曰。晉如鼫鼠。貞厲。謂首鼠兩端。一前一却。正如君之進退疑慮。欲遷未決。貞厲者。謂退隱意非不正。恐後有危厲也。勸君不必遷移。

六五。悔亡。失得勿恤。往吉。无不利。

象傳曰。失得勿恤。往有慶也。

五爻爲晉之主。高居尊位。柔而得中。唯與四相比昵。四遂得竊弄威權。隔絕二三。不得親近。是以有悔。然五躬備明德。智足察奸。黜六四而任六二。昭明有融。上下交孚。故曰悔亡。失得勿恤者。謂五不自恃其明。委用六二。信任勿疑。計是非不計得失。即有小失小得。不足憂也。往即上行。指康侯往朝於天子也。吉无不利。指受介福於王母也。故象傳曰。往有慶也。慶。即受茲介福之謂也。

(占)問時運。目下正當盛運。災去福來。有得無失。大吉。○問戰征。轉敗爲勝。在此一戰。奮勇前往。立見成功。○問營商。前此小失。今可大得。吉。○問功名。不必汲汲求名。可無意得之也。吉。○問家宅。日出于東離位南方。此宅必朝東南。從前小有災悔。今則屋運已轉。吉无不利。○問婚姻。以九五爲男家。六二爲女家。兩爻皆吉。大利。○問訟事。曰悔亡。謂災害已去。罷訟則吉。○問失物。往尋必得。○問六甲。生女。

(占例)華族某來。請占氣運。筮得晉之否。

爻辭曰。六五。悔亡。失得勿恤。往吉。无不利。

斷曰。晉五爻爲一卦之主。高明在上。且坤爲邦爲國。有屏藩一國之象。閣下占氣運。而得此爻。爻辭曰悔亡。失得勿恤。想閣下自廢藩以來。從前或小有災悔。今能柔順上進。觀光志正。是不以失得爲憂也。故曰悔亡。往者。往朝也。上下交孚。故无往而不利也。聞閣下欲以每歲財產餘利。教育藩士子弟。以爲國家培植人材。至財產之得失。不復計慮。彖傳所稱康侯者。必在閣下矣。他日恩賞下逮。車馬藩庶。行有待焉。象傳所謂往有慶者此也。

○明治三十一年占內閣氣運。筮得晉之否。

爻辭曰。六五。悔亡。失得勿恤。往吉。无不利。

斷曰。此卦明出地上。順而麗夫大明。國家治體。駸駸上進之氣運也。今占得五爻。五居君位。昭明有融。上下交孚。君明臣良。正在此時。然其間黜陟不無少有紛擾。在內閣諸公。皆正色立朝。秉忠從事。不計榮辱。謂之悔亡。失得勿恤。往吉无不利也。果哉是年伊藤侯辭總理之爵。大隈板垣二伯。入內閣。五閱月。山縣侯升爲總理。此間雖非無紛擾。國家益見進步。正合此占。

上九。晉其角。維用伐邑。厲吉。无咎。貞吝。

象傳曰。維用伐邑。道未光也。

角者。陽而在上。喩威猛之義。上爻處晉之極。過剛失中。故曰晉其角。謂其知進不知退也。離爲甲。爲戎。離上王用出征。上爻體離。故亦曰維用伐邑。用者五。邑指四。奉命而伐之者。上也。四既有罪。聲罪致討。兵雖危事。吉而无咎也。然干羽可以格頑。玉帛可以戢爭。不用文德。而用武功。亦未始非聖明之累也。故雖正亦吝。而傳曰道未光也。

(占)問時運。目下好運將終。防有事故出來。然無大害。○問戰征。只可近征國內。不可遠伐海外。危而終吉。○問營商。於同業防有紛爭。於事則危。於貨則利。於情則吝。幸無咎也。○問功名。晉。進也。角在首上。有首選之象。功名成後。防有從戎之役。吉。○問家宅。居者於鄉黨中。有紛爭之事。未免不安。然无大咎。○問婚姻。上與三相應。上與三。即爲男女兩姓。始有紛擾。終得和諧。故悔亡。與三同也。○問訟事。雀角之詩。刺訟也。罷訟則吉。○問六甲。生女。

(占例)友人某來曰。今有一會社。自創業以來。余恒所關慮。一昨年總會。改正社員。迄後事務不整。有株主之紛擾。其由社勢之不振乎。抑由社員之不力乎。請一占其盛衰。筮得晉之豫。

爻辭曰。上九。晉其角。維用伐邑。厲吉。无咎。貞吝。

斷曰。晉者。明出地上。有社運日進日新之象。今占得上爻。爲晉之極。是進无可進矣。物極必反。意者重有改革乎。伐邑者。即正其不正。可用前社員之練達者。以定釐會社之規則。庶幾可得吉矣。事雖危殆。終无咎焉。從此社業復興。不失其正。然自有識者觀之。不免爲之竊笑也。故曰貞吝。

䷣

地火明夷

明出地上。謂之火地。此卦反之。謂之地火。明出于地。光明上炎。故卦爲晉。晉。進也。明入于地。光明下蔽。故卦謂明夷。夷傷也。當此明夷之時。暗主臨朝。衆正并受其傷。離來居下。地往居上。日入地中。明受其夷。序卦曰。晉者。進也。進必有所傷。故受之以明夷。是以謂之地火明夷。

明夷。利艱貞。

明夷。明受夷也。卦體上坤下離。坤地離火。火入地中。則火爲土爲掩。火光不能上炎而生明。是火爲土所尅。而離火受傷。火旣受傷。勢不能出坤而自炫其明道。唯晦而已矣。艱以歛其彩。貞以匿其光。退而避傷。潛以爲利。是用晦之道也。故曰明夷利艱貞。

彖傳曰。明入地中。明夷。內文明而外柔順。以蒙大難。

文王以之。利艱貞。晦其明也。內難而能正其志。箕子以之。

卦象曰出地則明。日入地則暗。暗則傷明。是以晉卦大象曰昭明。此卦大象曰用晦。所謂變而不失其正。危而能保其安者。得此用晦之道耳。古之聖人有行之者。內修文明之德。外盡柔順之誠。即至躬履大難。羑里受囚。七年之中。秉忠守職。無有二心。此文王之所以爲文王也。謂之內文明而外柔順。以蒙大難。文王以之。然文是外臣。與紂疎遠。其晦猶易。又有分居宗親。諫則受戮。去無可往。而被髮佯狂。甘辱胥餘。此箕子所以爲箕也。謂之內難而能正其志。箕子以之。內難者。以箕子爲紂之宗親。夫以貴戚之卿。遇暗主。去之則義不忍。不去則禍迫朝夕。是尤人臣之所難處。箕子能佯狂以晦其明。得以免難。是殷三仁中之最著者也。總之當紂之世。不以艱貞晦明則被禍必烈。文王箕子之行。可謂千古人臣用晦之極則也。論二聖之行。雖相似而不同。文王者異姓之諸侯。其道疎也。外也。箕子者。同姓之大臣。其道親也。內也。文王箕子。易地則皆然。孔子釋六十四象。皆推廣文王彖辭之義。獨於此卦稱文王。抑有故也。蓋明入地中。爲文王事紂之象。文王有大明之德。而幽囚羑里。又可見明入地中之象。人得此卦。知時運之艱險。當固守貞正之道。明夷之時。利艱貞。與他卦所言利貞不同。凡爻中曰利艱貞者。多就一爻言之。而明夷一卦。則全卦皆以利艱貞取義。象曰君子用晦而明。即利艱貞之旨也。其垂戒深矣。

以此卦擬人事。爲當門祚衰薄。遭家不造之時也。坤母在上。離子在下。子雖明不得於母。是晉文之出亡而存。宜臼之在內而誅。不明猶可。明則遭禍尤烈。古來孽子。家破身亡。類如斯焉。推之與人共事。而逢首之昏庸。爲國從征。而値元戎之柔闇。有才見忌。有德被讒。不特於事無濟。而且身命莫保。所謂頑石得全。璞玉必剖。明之害也。明夷一卦。要旨全在用晦二字。以晦藏明。明乃無害。以明用晦。晦得其正。坤爲由。又爲晦。的是用晦之義。離之德上炎。離之體中虛。中虛則足以藏明。是爲用晦而明之象。諺語有云。閉口深藏舌。安身處處穩。亦處世之要訣也。人生入而處家。出而謀國。不幸運際其艱。所當法明夷之晦。用以自全耳。

以此卦擬國家。上卦坤爲政府。坤土過厚而致暗。下卦離爲臣民。離火雖明而被制。明在地下。是賢臣遇暗主之象。蓋身當亂世。動涉危機。才華聲譽。皆足招禍。是以庸庸者受福。皎皎者被害。亦時勢使然也。君子處此。常凜履薄臨深之懼。倍懷韜光匿彩之思。有才而不敢自露其才。有德而務思深藏其德。或見幾而早退。或明哲而保身。是謂用晦而明之君子也。故六爻取義不同。而其旨不外用晦。內三爻屬離。爲鳥。爲馬。爲狩。鳥以高飛。馬以行遠。狩以獻公。皆晦離之明。以避禍也。外三爻屬坤。四曰出門。上爲入地。出門可免。入地則凶。五爲卦主。以箕子當之。皆用坤之順以晦明也。此關國家興廢之大。聖如文王箕子。祇唯樂天知命。盡其臣道。以挽天心。是以六爻不言吉凶。言吉凶。轉開小人趨避之門。非聖人用晦之道也。

通觀此卦。明夷次晉。晉者進也。進而不已。必傷。時有泰否。道有顯晦。時與道違。

雖聖賢不能免災。晉之時。明君當陽。康侯得受其寵。明夷之時。暗主臨下。衆賢幷被其傷。大陽入地中。明爲之所夷。故賢雖正不容。道雖直不用。仁者懷其寶。智者藏其鑑。用晦而明。得其旨焉。就六爻而分信之。初九爲明夷之始。當逸民之位。見幾早去。以潛藏爲貞。有保身之智。如伯夷太公是也。六二文明中正。爲離之主。承坤之下。當輔相之位。以匡救爲貞。守常執經。如文王是也。九三當明極生闇之交。與上六相應。通變達權。順天應人。如武王是也。六四棄暗投明。見幾而作。知上六之不可匡救。潔身而去。如微子是也。六五居坤陰之中。分聯宗戚。職任股肱。不幸而躬逢暗主。以一身係社稷之重。能守貞正。如箕子是也。上六窮陰極晦。與日俱亡者。如商紂是也。總之明夷全卦。以上六爲卦主。下五爻皆爲上爻所傷。就中內三爻所傷尤甚。故皆首揭明夷二字。以示傷害之重也。其象以上卦晉爲日出。此卦爲日落。日者君也。君以賢人爲羽翼。以忠臣爲股肱。以其身爲元首。以親戚大臣爲腹心。乃可登天而照四國。今初爻羽翼傷。二爻股肱傷。三爻元首墮。四五腹心離。上爻之所以入地。其傷節節可覩。其象歷歷可危。後世人主。當取以爲鑒。

大象曰。明入地中。明夷。君子以蒞衆。用晦而明。

離爲明。坤爲地。明入地中。光明藏而不用之象。君子則之。坤爲衆。故曰蒞衆。以御其衆也。知不可不明。亦不可以過明。不明則人皆欺我。過明則物不我容。所當納明智之德。於寬柔之中。韜其光而不露。蘊其美而自全。斯上不至妬其功。衆皆得以服其化。以此履盛。盛而益顯。以此涉危。危亦得安。古之聖賢。旒纊以塞聰明。樹屏以蔽內外。不欲明之過用者。胥是道也。

(占)問時運。運當大難。深宜晦藏。○問戰征。象曰蒞衆。適値用師之時。宜效明修棧道。暗度陳度之計。必得勝也。○問營商。卦象艱難。大衆恐難取利。暗中尙有分肥。○問功名。離火被土所尅。功名不顯。顯則反有災害。○問家宅。家道不順。或父子分居。尙可保全。○問婚姻。必非朋媒正娶。○問疾病。是肝火內鬱之症。治宜息火。○問訟事。宜受曲罷訟。可以免禍。○問六甲。生女。

初九。明夷于飛。垂其翼。君子于行。三日不食。有攸往。主人有言。

象傳曰。君子于行。義不食也。

于飛垂其翼者。謂飛鳥傷翼而下垂。君子于行三日不食者。謂倉卒決去。而無可得食。有攸往者。去此曰行。適彼曰往。主人有言者。謂或議其迂濶。或諷其偏固。雖未定其何辭。要不免嘖有煩言也。初爻與四爲害應。被四所傷。離爲飛鳥。故取以爲喩。鳥遭傷而不得安栖。欲去而避其害。故曰明夷于飛垂其翼。但初當離之始。去上猶遠。受傷尙淺。其去也。見幾尤早。三日不食。離爲大腹。其體中虛。中虛則腹空。不食之象。三日者。以離三爻皆明。而見夷。故曰三日。君子接淅而行。謂既去其國。不食其粟。故傳曰義不食也。君子。謂初也。主人。謂四也。初與四應。四欲傷初。初爲避四而遠行。四見初去而有言。如初者可謂明於見幾。而不受四之所傷。直善用其晦者矣。

(占)問時運。初運不佳。唯其善自保全。得以无害。○問戰征。爲營中糧食已盡。且宜暫退。○問營商。明夷者。恐資本有傷。運貨遠行。有中途受難之象。又恐主人嘖有煩言也。○問功名。于飛垂翼。明示以不能騰達之象。○問婚姻。初爻與四不相應。而反相害。婚姻不諧。○問家宅。此宅必是租典。非己屋也。故有主人三日不食。有破竈不炊之象。不利宜遷。○問六甲。生女。

(占例)有友人某甲幹來。請占氣運。筮得明夷之謙。

爻辭曰。初九。明夷于飛。垂其翼。君子于行。三日不食。有攸往。主人有言。

斷曰。明夷離火被坤土所掩。明受傷也。離又有離散之義。觀足下相貌。骨間有黑氣所蒙。是明被黑掩。知將與主人離散矣。故爻曰主人有言。玩初爻之辭。顯見足下與主人不協。意欲辭去。爻曰于飛垂其翼。恐欲行而爲主家所纆束。故垂翼而不能飛也。即從此他往。恐前途不利。尚有馮驩彈鋏。子胥吹簫之難。時運不佳。宜匿迹避禍。

○明治二十八年。占我國氣運。遇明夷之謙。呈之內閣總理大臣。

爻辭曰。初九。明夷于飛。垂其翼。君子于行。三日不食。有攸往。主人有言。

斷曰。此卦日入地中。爲昏暮之時。國家而得此卦。以內卦爲外卦所傷。即可見我國爲外國所侵也。就我國近時論之。離火之文明。盛于內地。逼於外國之交際。未能如意。故曰明夷利艱貞。今也我軍戰勝淸國。陷遼東。襲威海。勢如破竹。余曾於本年六月初次啓戰。占得需卦。知海陸軍之全勝。并料後日有三國干涉之議。外或以威武爲頌揚。內實以富强生嫉妒。是各國之狡計也。今得此卦。知我軍當此戰勝之餘。軍艦或有損傷。而不適於用。兵士或有疲敝。而不可復勢。則猶如鳥之傷翼而不能飛揚。謂之明夷于飛。垂其翼。計欲進而相抗。無如兵力之不足何。計欲退而議和。無如國民之不服何。日夜籌思。幾廢寢食。謂之三日不食。爻象所謂用晦而明者。是指我所向往也。謂之有攸往。主人有言者。即指此爻辭也。果哉四月媾和之約成。同時有三國之干涉。我遂還付遼東。得償金而結局。

六二。明夷于左股。用拯馬壯吉。

象傳曰。六二之吉。順以則也。

二爲臣位。居離之中。與五相應。五坤爲暗主。反欲傷害賢臣。是明夷之所以爲明夷也。左股者。以二爲股肱之臣。管子宙合曰。君立於左。臣立於右。君臣之分。左陽右陰。以君在左。故二之所傷在左股也。故曰明夷。夷于左股。用拯者。與渙初辭同。拯。救也。助也。子夏作抍。二動體乾。乾爲馬。乾健故馬壯。所謂用馬以自拯拔也。雖傷反吉。象傳曰順以則也。坤爲順。以順則之。是承乾也。即取乾馬用拯之義。或謂二爻中奇。即內文明之象。卦屬周文。文居岐西。視紂都爲左。故喻取左股。文囚羑里。當時貢以文馬九駟。是謂用拯實事。義殊精切。

(占)問時運。目下運不甚佳。頗有傷殘。幸得祿馬相救。故吉。○問戰征。左營之軍不利。幸馬隊得力。得以轉敗爲勝。○問營商。按策畫不適時宜曰左計。知其營謀不合時。故有損失。幸得有馬姓人出而調劑。則吉。○問功名。凡官級以降曰左。似不利也。唯值午年。或交午運。則吉。○問疾病。離二中虛。如陷井然。其人必陷入深坑。傷其左足。幸馬力壯健。得一躍而出。雖傷亦吉。○問家宅。必有左邊杜足損傷。宜急修治。○問婚姻。離陰象。女子恐有足疾。不良於行。宜配午命人吉。○問六甲。生女。

(占例)明治二十二年。占某貴顯氣運。筮得明夷之泰。

爻辭曰。六二。明夷。夷于左股。用拯。馬壯吉。

斷曰。明夷。象曰明入地中。是爲入夕之時。人生命運。以嚮明爲盛。以入夕爲衰。今君占氣運得明夷二爻。推玩爻辭所云。恐君目下運限。未免有損傷刑剋。左道邪僻之徒。切不可近。行路時宜小心。防左足有跌傷之患。并慮瘡疾。大運須交午運乃佳。或逢午年。或値五月。皆利。

九三。明夷于南狩。得其大首。不可疾。貞。

象傳曰。南狩之志。乃大得也。

三居離位之終。南者離之本位。狩者冬獵。守地而取之也。自離而坤爲向西。坤傷明不可往。故曰南狩。離爲兵戈。不曰行師而曰狩田。亦託言從獸以自晦耳按離卦上六。曰王用出征。有嘉折首。首謂魁首。是惡之大者也。今曰得其大首。則必是獸之大者。獲其大而舍其小。即聖人網開三面之意。於此可見離明之仁德也。疾數也。因狩講武。固事之正。然數數爲之。非特犯從獸無厭之戒。抑且涉日討軍實之忌。非用晦之道也。故曰不可疾。貞。象傳曰。南狩之志。乃大得也。謂當此明夷之時。猶得于田行狩。私豵獻豜。嫌隙不生。得適其晦藏之志。亦大幸矣。一說南狩。謂即文王獵於南陽。得遇太公。以得大首。喩太公也。足備一解」

(占)問時運。大運不無破敗。是宜退守。交冬令。從南出行。必得大利。○問戰征。卦曰明夷。明白進兵。必有傷敗。宜潛兵從南而入。離上爻。曰王用出征。有嘉折首。即合此占。○問功名。南方屬文明。獵獸獵名。皆期其得。大首。魁首也。其必膺首選乎。故曰志大得也。吉。○問婚姻。婚禮奠雁。射雀。亦取從禽之象。得其大首者。謂得其嘉偶。吉。○問疾病。當出避南方。吉。○問失物。可就宅南尋之。必得。○問六甲。生女。○問家宅。此宅離位南向。大首者。一鄉之大富家也。吉。

(占例)明治十六年。某商人來。請占氣運。筮得明夷之復。

爻辭曰。九三。明夷于南狩。得其大首。不可疾。貞。

斷曰。明夷明入地中。離爲日。日入坤土之中。明受其傷。故曰明夷。夷者。傷也。以論人生氣運。是目下運被傷害本不見佳。足下商人。以商業論之。當於冬季。可往南海道一帶收買貨物。必有一種大檔生意。可以獲利。然不宜再往。謂之明夷于南狩。得其大首。不可疾貞。後果得大利云。

○明治二十七年八月二十六日。占平壤進軍。筮得明夷之復。乃贈之於某氏。

爻辭曰。九三。明夷于南狩。得其大首。不可疾貞。

斷曰。此卦內卦日。外卦地。是大陽旋入地中之時。古來說卦者。以此爻爲武王之事。曰于南狩。得其大首。謂言周之伐商。得其全勝。今占平壤進兵。而得此爻。九月十五日我軍自四面圍擊平壤。自南而北者。爲大島少將之隊。戰甚苦。少將亦被銃傷。此應在明夷。夷傷也。自北而南者。爲佐藤大佐之隊。得其大勝。昭牡丹臺逼玄武門。遂殪敵將左寶貴。敵軍悉潰。十六日曉。不損一兵。而取平壤。曰南狩。曰得其大首。一一中的。易理之玄妙如此。

六四。入于左腹。獲明夷之心。于出門庭。

象傳曰。入于左腹。獲心意也。

四爻出離入坤。坤爲大腹。按卦位。坤在離之西。爲左。入于左腹者。即入於坤之腹也。入其腹中。自可獲其心意。乃不曰獲坤之心。而曰獲明夷之心。明夷者。合全卦而言。爲即用晦而明之心。是能卑順不逆。可效腹心之用者矣。出。出離也。坤方來。故曰入于離己退。故曰于出。又初之六爲艮。艮爲門庭。門庭光明之地。于出門庭。亦即取用晦而明之義。一說于出門庭。謂即微子去之之象。明夷一卦。分配周與商亡。歷歷可證。

(占)問時運。爻象出明入暗。知爲不利。不宜居家。還宜出門。○問戰征。可潛入敵之左營。探聽密計。出告大營。可勝也。○問功名。功名以高升爲吉。入于左腹。坤爲腹。是入于地也。不吉。○問營商。釋名。腹。複也。富也。入于腹。即入於富也。獲心。即稱心也。于出門庭。是出家經商之象。○問疾病。是病在心腹。恐是內損之症。

宜出門求醫。○問家宅。此宅明堂左首。路有阻礙。出入不便。○問婚姻。防女子腹已有孕。不利。○問六甲。生女。

(占例)縉紳某來。請占氣運。筮得明夷之豐。

爻辭曰。六四。入于左腹。獲明夷之心。于出門庭。

斷曰。時運宜陽不宜陰。宜明不宜暗。卦象曰明夷。明入地中。是嚮暗入夜。今得第四爻。據爻辭所言。料知貴下執事中。必有腹非小人。隱探貴下心意。藉端生事。出告於長官。致長官有疑於貴下。遂使事事多有掣肘。此皆目下氣運之不利也。不如退身避禍。後依所占。轉懇友人陳告長官。長官諾之。使之轉任他局云。

六五。箕子之明夷。利貞。

象傳曰。箕子之貞。明不可息也。

宋世家曰。紂爲淫佚。箕子諫之不聽。人或曰。可以去矣。箕子曰。諫不聽而去。是彰君之惡。而自說於民。吾不忍也。乃披髮佯狂而爲奴。遂隱而鼓琴。即此可見箕子之貞也。彖傳曰。內難而能正其志。箕子以之。五爻居上卦之中。故屬之箕子上承彖傳之意。以釋用晦之義。彖所謂內難者。以紂爲同姓也。所謂正其志者。即利貞也。象傳曰。明可息。謂洪範九疇。其道萬古常明。箕子能陳之於周。故雖暫夷而終必明也。是之謂明不可息也。

(占)問時運。目下正當困阨。不失其正。久後必亨。○問戰征。主帥不明。致有謀士逃亡之象。○問營商。必歷經艱苦。方可獲利。○問功名。時事日艱。不宜于進。只宜退守。○問家宅。主親族不和。○問疾病。防有發狂之症。○問婚姻。宜罷婚。○問訟事。一時不直。久後自然明白。○問六甲。生女。

(占例)明治十八年。五月。應千家大教正之命。筮佛教之氣運。得明夷之既濟。

爻辭曰。六五。箕子之明夷利貞。

斷曰。佛法者。印度之聖人。了達三世。其道法靈妙高遠。世界宗教中。無出其右者也。自足昭明萬世。終古不息。今占得此爻。爻辭曰。箕子之明夷。利貞。箕子爲紂庶兄。因紂無道。諫之不聽。乃佯狂爲奴而避位。迨周興。陳洪範九疇。得封朝鮮。存殷之祀。是其道雖夷而終明也。現在佛法運氣。亦猶是商道衰微之時。千家大教正。猶是當日之箕子也。當守其教道之貞。以明其宗旨之傳。使釋迦之聖德常明。菩提之宗風不滅。皆賴大教正之力也。象傳曰。明不可息也。斯之謂也。於是千家大教正嘆曰。嗚呼。神佛二道氣運。果如此乎。不勝感悟。

上六。不明晦。初登于天。後入于地。

象傳曰。初登于天。照四國也。後入于地。失則也。

上六。居坤之極。爲明夷一卦之主。是謂昏君。故不明而又加之曰晦。言昏之又昏者也。初登天。後入地。是始之自曜其明。卒之明入于地。爲明夷之實象也。象傳所稱文王箕子。其聖德之光明。豈不足以照四國。而當日文囚于羑里。箕佯狂爲奴。正所謂入地者是也。故明夷之世。昏君在上。以入地者爲用晦。登天者爲失則。彼世之不審時勢。而急求登進。光照未徧。而身敗名滅。禍皆自取耳。必如文王之柔順蒙難。箕子之內難正志。斯爲善處明夷者矣。明夷六爻。皆教人以用晦之方。昏君之凶。不言可知。

(占)問時運。初運雖好。後運不佳。萬事宜作退一步想。方可无咎。○問功名。宜晦藏遯跡。不宜自炫才華。○問營商。貨價初次太昂。落後太賤。顯有天淵之隔。宜得其平。○問戰征。防攻山奪險。有墜入深淵之患。○問婚姻。有先富後貧之嫌。○問家宅。此宅面對高山。後臨深淵。殊嫌地勢低陷。○問疾病。初患氣冲。後又下洩。難治。○問六甲。生女。

(占例)明治二十一年。六月。余與坂田服部兩氏。合謀製造攝緜土所於尾州熱田。推坂田氏爲社長。攝緜土製法。密合石灰與粘土。燒造而成。向來我國所用。皆仰外國輸入。每年約費數十萬圓。設立製局。每年可減却十萬圓。且熱田所製之品。優于外國。大得聲價。二十三年春。占該社之景況。得明夷之賁。

爻辭曰。上六。不明晦。初登于天。後入于地。

斷曰。攝緜土製法。本係粘土石灰兩物。合製而成。粘土取之汙濕地中。所謂大地者是也。不取其潔白。而取其黑澤。所謂不明晦者是也。此土出地。歷經工匠。融化鍛鍊。猶如登天也。鍊成後。用以糞墻築地。儼然後入于地也。該社製出之品。工精物美。可得遠售外國。即象傳所謂照四國也。玩爻辭之意。合之攝縣土之製造販行。歷歷相符。該社之盛行可必也。閱數月。復占一卦。仍得前爻。益知神之所示。無有異辭。靈妙誠堪畏服。

增補高島易斷

䷤

風火家人

卦體巽上離下。巽木爲風。離日爲火。木然生火。故木火相生。日氣成風。故風日相成。皆由一氣之鼓鑄。猶人生一家之生育也。又火取其明。風取其和。倫紀修明。門庭和睦。取其象焉。故曰風火家人。且家人自明夷來。明夷之卦。當周與商亡之際。周興肇自太姒。商亡由於妲己。國運興亡。基於家政。此家人所以繼明夷也。

家人利女貞。

利貞兩字。爲家人一卦中關鍵。自古家道之成敗。罔不由婦人始也。蓋賢婦則稱內助。淑女乃能宜家。賢而淑。則貞也。否則牝雞司晨。維家之索。是宜戒也。易之全經。上卦首乾坤。乾爲父。坤爲母。是謂老夫婦。卦備四德。而不專在利貞。下卦首咸恒。咸爲婦道之始。恒爲婦道之終。咸彖曰利貞。取女吉。恒彖曰利貞。无咎。則知從一而終。婦人貞吉。恒五爻辭。以顯揭家人一卦之旨。蓋貞則吉。不貞即不吉。家人卦德。專重夫貞。貞之吉象。專屬於女。故家人彖首揭之曰利女貞。

彖傳曰。家人。女正位乎內。男正位乎外。男女正天地之大義也。家人有嚴君焉。父母之謂也。父父子子兄兄弟弟夫夫婦婦。而家道正。正家而天下定矣。

卦象巽風離火。風順也。火明也。巽女下缺而順。離女中虛而明。明而又順。賢女也。卦體皆爲女象。家道首重婦德。故彖傳曰家人女正位乎內。男正位乎外。先女而後男。言家人以治內爲先。男有室。女有家。人之大倫。即天地之大義。人倫正而大義定矣。君尊也。一國之中。以君爲尊。一家之中。以父母爲尊。父道雖止於慈。而孝經亦稱嚴父。所謂敎笞不廢於家。嚴之謂也。母子之間。過多由於溺愛。聖人特以嚴訓。使與父同。風之柔從得其正。火之畏烈取其嚴。程子所云正倫理。篤恩義。家人之道盡矣。家人之中。不外父子兄弟夫婦。一正而無乎不正。所謂正一身以正一家。正一家以正一國。正一國以正天下者。胥是道也。

以此卦擬人事。卦曰家人。彖辭爻辭。所言皆治家要道。人事盡在是焉。所謂女正位乎內。男正位乎外。大旨以家內之事。女主之。古來女子之賢。最爲難得。女之性陰。陰則或流爲險狠。女之質柔。柔則或溺偏私。閨門之不謹。其禍有極於敗亡而不可救者矣。彖辭所以首重利貞也。然女之不貞。其始皆由家教之不嚴。彖曰家人有嚴君。所以重其責於父母也。初爻其女尙幼。爲先立其閑。二爻則稍長。當課以中饋。三爻則長成。故戒以失節。內三爻女猶在家。約束不嫌其嚴也。四曰順。得其正也。五曰假。交相愛也。六曰孚。本在身也。外三爻女已成家。威如乃得終吉也。孟子所云女子之嫁也。母命之。曰必敬必戒。無違夫子。皆與爻辭。意相符合。蓋嚴取諸離。離火酷烈。故家教以嚴爲主。順取諸巽。巽風柔和。故婦道以順爲正。象傳曰風自火出。火固因風而熾。而其燄自能生風。君子法之以爲言行。言有物而無僞。行有恒而無羞。或語或默。或動或靜。皆爲人事之大防。無風無火。天必不能行運。無言無行。人亦不能以成事。女正夫內。所謂言不出于梱。行不履于閾者是也。男正夫外。所謂言滿天下無口過。行滿天下無怨惡者是也。言行之臧否。人事成敗係之。即家道之隆替亦係之焉。故家人一卦。其義取男女。而象傳則曰言有物。行有恒。其旨深矣。

以此卦擬國家。家修即爲廷獻。是家國本相通也。家人亦稱嚴君。是君父本一致也。故讀關雎一詩。知王化啓於閨房。彖辭所云女正位乎內者。斯之謂也。反是則漢之趙燕。唐之武韋。壼幃瀆亂。國紀傷殘。身亡國危。禍延宗社。自古來女禍類如斯焉。聖人憂患作易。故次咸恒而著家人。家人者。所以明齊家之道。正家以正天下者也。君子治家治國。終不外言行兩端。言可信于一家者。即可信于天下。行則見于一家者。即可見于天下。朝廷之頒條教。布政令者。亦猶是焉。全卦六爻。下三爻爲齊家之事。教家之始也。三爻爲家齊之事。教家之終也。始則立其防。終則要其成。極其道曰反身。大學所謂自天子以至於庶人。壹是皆以修身爲本。可知家國之本。即在此一身而已。

通觀此卦。說卦曰。萬物齊乎巽。相見乎離。齊者。即所以齊家。見者。即可推而見之於天下國家。家人卦體。離下巽上。取此義也。修齊之道。端賴明德。故象取離之明。江漢之化。始自宮闈。故象取風之自。此卦所以名風火家人也。卦爻巽長女居上。四爲巽主。以從五。離中女居下。二爲離主。以從三。以陰居陰。各當其位。長上中下。各循其序。從三從五。各得其耦。外陽內陰。各司其職。君子則風火以爲言行。修言行而垂家國。一家之中。夫制而婦從。內明而外順。恩惠行。愛憎公。而後家可齊。而天下可定也。

大象曰。風自火出。家人。君子以言有物。而行有恒。

巽爲風。離爲火。巽位在巳。離位在午。巳午皆火。故有風自火出之象。按康成別傳。見大風起。詣縣曰。某日當有火災。宜廣設禁備。至時。果有火起。左傳所謂融風。火之始也。即爲風自火出之徵。且風之發也。瞬息而遍及。火之起也。傳然而不盡。喻言敎化之行。自內及外。其機甚捷。故曰風自火出。家人。考洪範五行。火以配言。小畜諸卦。風皆曰行。故君子取象於風火。以爲言行。物。事也。恒。常也。火附物而生光。言有物而可則。風得恒而不易。行有恒而化成。言行君子之樞機。風火天地之噓氣。發邇見遠。其道相同。夫閨門之內。以恩掩義。以情奪禮。所恃以懾伏家人者。唯賴此言行而已。敎化自言行出。言行又必自誠心出。誠則足以化人。不誠則自適以階厲。君子處家。故於言行尤兢兢焉。

(占)問時運。風得火而愈狂。火得風而益熾。正是時運全盛之會。然入邪則邪。入善則善。言行之間。最宜加勉。○問營商。爾雅云。風與火爲庉。庉。聚也。有屯聚貨物之象。爻辭曰。有物有恒。物貨物。恒恒久。謂其物不容急售。過後可獲高價。○問功名。風行遠。火炎上。有高升遠到之象。言行者。出身加民之具。功名可必。○問家宅。防有火災。○問婚姻。家人一卦。象取夫婦離火巽風。皆女。或長女爲姒中女爲娣之象。或爲兩姓對結之親。吉。○問疾病。是風火上升。痰多氣喘之症。一時不治。○問六甲。生女。

初九。閑有家。悔亡。

象傳曰。閑有家。志未變也。

閑字。从門。从木。門內加木。所以防外也。故訓爲防。易文言曰。閑邪存誠。謂防閑其邪念。論語曰。大德不踰閑。閑闌也。謂闌止其出入。皆取禁止防範之意。初爻處下卦之首。爲家人之始。有家者。孟子謂女有家。是專指女子而言。閑者。如閨有範。女有箴。皆所以教誡之也。爲女之始。先立其閑。使知所謹守。而不敢隕越。猶如蒙之必先養正也。若家瀆而後嚴之。志變而後治之。則有悔矣。象傳曰。志未變也。謂其心志本明。未即邪欲。閑之於初。悔自亡也。

(占)問時運。目下好運初來。正當自知檢束。斯无災悔。○問戰征。當行軍之始。正宜整其步伐。嚴其號令。得以有勝无敗。○問營商。是初次販運。宜恪守商規。○問功名。是初次求名。宜遵公令。不得妄意干進。○問家宅。此宅墻圍堅固。門戶肅睦。治家者有條有則。約束詳明。至四年後。可致饒富。吉。○問疾病。病是初起。宜自謹慎保養。必无災害。初若不治。必致變症。則難治矣。○問婚姻。當初訂姻好。知是家風清白。閨門素謹。可成。○問訟事。初訟罷之。則吉。○問六甲。是初胎。

生女。

（占例）二十三年十二月。友人某來。請占商法成否。筮得家人之漸。

爻辭曰。初九。閑有家。悔亡。

斷曰。風着物而鳴。火着物而然。是風火皆虛。必託於物而成形。猶商業必藉資本而成事。今占問商業。而得初爻。初者。爲商業謀辨之始。我國自鎖港以前。外商未通。一切商人。皆守舊習。未能遠行。是以有悔。近始與各國貿易。所當先定商規。熟識行商之利益。猶是女子初嫁。當先學閨範。能諳爲婦之禮敎。爲婦之道。在正家。爲商之利。在裕國。其義一也。若不習之於初。而茫然從事。何能獲利乎。爻辭謂閑有家。悔亡。家之有閑。謹其出入。商之有閑。愼其出納。能守其閑。自有吉無悔矣。象傳曰。志未變也。爲通商伊始。陋習猶未變也。

六二。无攸遂。在中饋。貞吉。

象傳曰。六二之吉。順以巽也。

无攸遂者。謂婦道无成。事无專制也。二至四互坎。坎爲酒食。故曰在中饋。謂朝夕以治饔飧。婦人之職也。二爻在婦妻之位。備中正之德。應九五離明之主。是能柔順得正。以從事九五中正之夫者也。蓋婦人之道。惟在奉祭祀饋飲食而已。不得干預外事。采蘋采蘩兩篇。皆美其能誠奉祭祀。可知婦職專在中饋。禮所謂奉箕帚。操井臼者。是也。象曰。女正位乎內。即指此爻。象傳曰。順以巽也。按象傳稱順以巽者。有三。蒙之六五。謂事師之道。漸之六四。謂事君之道。此爻謂事夫之道。即孟子所云以順爲正。妾婦之道也。

(占)問時運。目下正當大運。但爻象重陰。只宜因人成事。不能獨斷獨行。○問戰征。此是偏將。必非主帥。或是後營。主管糧食軍餉。最爲緊要。謹防毋失。○問營商。想是販運糧食生意。吉。○問功名。難以遂意。○問家宅。此宅朝南。宅主必是婦人。家事不能專斷。唯竈基最吉。○問疾病。幸胃口强健。可以無害。○問六甲。生女。

(占例)某縉紳來。請占氣運。筮得家人之小畜。

爻辭曰。六二。无攸遂。在中饋。貞吉。

斷曰。二爻處下卦之中。爲離之主。離象中虛。權無專制。離取鼎養。職在調羹。爻體以順。爻象屬陰。故只宜在內。而不在外也。今占氣運。得家人二爻。知足下氣運平順。但才力柔弱。未得獨擅大權。只可奉公從事。或者授職宮內省。正所優爲也。吉。

○明治三十年。占遞信省氣運。筮得家人之小畜。

爻辭曰。六二。无攸遂。在中饋。貞吉。

斷曰。風火家人。風取其疾。火取其速。皆言來往迅速也。輪船鐵道。亦皆取力風火。則知卦象所云。正與遞信局事。大旨相合。家人二爻。爻辭曰。无攸遂。在中饋。貞吉。无攸遂者。謂遞信。皆代人傳送信物而已。在中饋者。謂郵函報告。鐵道販運。惟以糧食爲重也。其事行諸國中。達諸海外。正內正外。亦猶是也。故曰貞吉」

九三。家人嗃嗃。悔厲。吉。婦子嘻嘻。終吝。

象傳曰。家人嗃嗃。未失也。婦子嘻嘻。失家節也。

嗃嗃。廣韻。嚴厲貌。玉篇。嚴大聲。嗃从口。从高。謂大其聲使人畏憚也。嘻嘻。玉篇和樂聲。嘻从口。从喜。謂和其聲使人喜悅也。九三以陽居陽。處下卦之極。爲一家之主。剛嚴過甚。過嚴則傷恩。未免有厲。是嗃嗃之過也。若嘻則和樂無度。過和則害義。終必見吝。蓋治家之道。嚴雖未得其中。而要之家庭肅睦。咸知敬畏。自不即於非禮。故曰厲吉。和則雖上下歡悅。而荒淫佚樂。流弊有不可勝言者矣。故曰終吝。象傳以失不失對勘。謂和而終吝。不如厲而得吉也。

(占)問時運。運限平平。終貴自勉。嚴謹刻苦。不自憚勞。當必獲吉。若一味取樂。百事無成。○問戰征。號令嚴明。萬軍畏服。縱不免殺戮過甚之患。而所向自得成功。○問營商。想是外作商店。內作住家。內外齊肅。家政嚴。店規謹。乃能獲吉。否則過和而流。將有名可問者。○問功名。爻象專在宜家。功名尚緩。○問家宅。此宅家規嚴肅。吉。○問婚姻。九三之應在上九。曰有孚。知兩姓无從。吉。○問疾病。

九三屬離爲火。宜進涼劑。雖危得愈。○問失物。宜嚴急查問可得。若寬緩則失矣。○問六甲。生女

(占例)某縉紳來。請占氣運。筮得家人之益。

爻辭曰。九三。家人嗃嗃。悔厲吉。婦子嘻嘻。終吝。

斷曰。九三以陽居陽。剛嚴者也。處下體之極。爲一家之長。是以剛嚴而督率家政也。剛嚴未必無悔。然較和而流者。其得多矣。足下占氣運。今得此爻。知足下稟氣剛强。一生處世。與卦象符合。足下職掌政務。悉以嚴厲治之。一時屬員。未免怨苦。而於一切政務。罔不整肅。自无疎忽紊亂之弊。可謂允吉。

六四。富家大吉。

象傳曰。富家大吉。順在位也。

離巽二卦。爲二女。皆自坤生。坤爲富。爲財。又爲戶。有富家之象。六四以陰居陰。處上卦之首。與初相應。初曰閑有家。蓋保家有法。克勤克儉。日積月累。至四而

儼成富家也。故曰富家。大吉。象傳曰。順在位也。二四皆爲卦主。二曰在中。饋中饋掌烹飪。離之位也。四曰順在位。順。巽之位也。蓋婦以順從其夫。得以致富。自能不失其職位也。

(占)問時運。目下正當盛運。已富者克保其家。未富者即發其財。大吉之象。○問戰征。國富兵强。糧餉充足。可進可退。吉无不利。○問營商。利市三倍。立致富饒。吉可知也。○問功名。官爻與財爻相反。必須破財。乃可成名。○問家宅。必是巨室閥閱之家。大吉。○問訟事。財可通神。事無不了。○問疾病。必是身體肥胖。膏粱過度。所致。藥之即愈。○問六甲。生女。

(占例)近來余與友人謀創一業。占問成敗吉凶如何。筮得家人之同人。

爻辭曰。六四。富家大吉。

斷曰。我與友人謀事。則內卦離屬我。外卦巽屬友。離巽方位相同。可知我與友意氣相合。二四爲內外卦主。可知我與友。亦各主一職。合以成事。今占得六四。四居巽位。巽爲商。爲利。取象於巽。近利市三倍。利得三倍。即可致富。此商家中大吉象也。故爻辭曰富家大吉。得此占辭。決計立業。果得吉利。

九五。王假有家。勿恤吉。

象傳曰王假有家交相愛也。

九五王位。王者以天下爲一家。故推極言之。假與格同。謂感格也。五爻剛健中正。位居至尊。與六四相比。與六二相應。四以順在位。二以順相從。順則情性相通。纏綿固結。交相愛悅。假之所由來也。一家之中。父子兄弟夫婦。情意如一。王者家大人衆。推之天下。無不各長其長。各幼其幼。所謂王假有家。假之至矣。勿恤吉者。謂王者感化之神。勿用憂恤。而自無不吉也。蓋初爻曰閑有家。以法度閑之。爲家道之始。至五曰王假有家。假即假其閑家之善。王有家。是化家爲國。化國爲天下。爲王者之家。家道之終也。一說假。大也。取假哉天命。謂大哉天命之義。王假有家。謂王者大居正。故曰大有家。較四之富家而更進矣。其說亦通。

(占)問時運。運來福至。人心自然感通。何憂不吉。○問戰征。王者之師。所向無敵。

吉。○問營商。想此商業。必是奉公謀辦。或是貢獻品物。爲王家之業也。吉。○問功名。恰如渭水傅巖。有夢卜感通之象。吉。○問家宅。此宅想是公卿巨邸。吉。○問疾病。人身以心爲君。五居巽木。必是肝木太强生風。心火生熱。藥宜熄火定風。使心氣開通。可勿憂也。吉。○問婚姻。有選入宮闈之象。○問六甲。生女。

(占例)友人某來。請占氣運。筮得家人之賁。

爻辭曰。九五。王假有家。勿恤吉。

斷曰。人生作事。全憑氣運。運苟不佳。不特事多掣肘。即一家中。父子兄弟夫婦。亦不見信。如蘇秦不第歸來。嫂不下機。妻不執炊是也。氣運一通。不特下民信服。且有夢通良弼。卜兆非熊。忽來王朝之徵聘者。是皆運爲之也。今占得五爻。五居尊位。故稱王。假。格也。勿恤。勿憂也。知足下大運當盛。才志亦强。一年半載中。必有使命下頒。就家起用。五與二相應。二曰中饋。饋食也。祭也。或爲祠官主祭祀。或奉公采辦糧餉。不須憂恤。自能得吉。足下可拭目待之。

上九。有孚威如。終吉。

象傳曰。威如之吉。反身之謂也。

上九居巽位之極。巽二陽一陰。上得乾氣。乾爲信。故有孚。乾又爲威。故威如。且巽風善入。有威孚之義。離火可畏。有威嚴之象。合上下兩體以成其爻。示人可因象以求義也。上與三應。三之嘻嘻。和而失節。上之有孚。則和順而能感人也。三之嗃嗃。嚴近於厲。上之威如。則嚴正而若可望也。蓋上爲卦之終。敎家之道。亦至上而成。故終吉。夫所謂正家者。其道不自家始也。家之本在身。先正其身。而家無不齊矣。君子不言而信。不怒而威。亦以誠身之道感通之耳。象傳曰。反身。即大學所謂齊其家。在修其身之旨也。

(占)問時運。得人信服。得人敬畏。事無不成。往无不利。可行於近。亦可行於遠。萬事皆吉。十年好運。過此而終。○問戰征。行軍之道。有信則人不我欺。有威則人不我狎。賞罰無私。號令必行。王者之師也。故吉。○問營商。有信則萬金可託。有威則百務皆修。商道之正也。○問功名。上爻處極位之地。必是身居上位。信義早孚。威望素著之大人也。○問家宅。此宅地位必高。爲一鄉之望也。吉。○問婚姻。兩姓允從。吉。〇問六甲。生女。

(占例)明治二十年。占某貴顯氣運。筮得家人之旣濟。

爻辭曰。上九。有孚。威如。終吉。

斷曰。爻居上位。適合貴顯之象。爻辭曰孚。曰威。知威孚遍通夫上下。威望夙著於朝廷。所謂不言而信。不怒而威。爲能得夫君子之道也。吉何如也。象曰。正家而天下定。貴顯有焉。象曰。反身之謂。國之本在家。家之本在身。貴顯必能身修而齊家也。氣運之吉。不言可知。

䷥ 火澤睽

卦體上離下兌。離火炎上。兌澤滲下。火動而愈上。澤動而愈下。上下相違。曰睽。睽字从目。从癸。離爲目。癸屬水。澤亦水也。六書故曰。反目爲睽。睽。乖也。蓋澤在火上。澤火相濟而成革。澤在火下。火澤相反而成睽。此火澤之卦所以名睽也。」

睽小事吉。

序卦傳曰。家道窮必乖。故受之以睽。睽者。乖也。睽則衆心離散。不可以興大事。若小事則力可獨任。不待衆擧。雖睽尚可爲也。故曰小事吉。睽卦上下互既濟。既濟彖曰。亨。小者。亨也。謂所亨特其小者。此卦曰小事吉。吉亦唯在小事耳。兌爲小。故第言小不言大。要之乖睽之世。不足以成大事也。可知矣。

彖傳曰。睽。火動而上。澤動而下。二女同居。其志不同

行。說而麗乎明。柔進而上行。得中而應乎剛。是以小事吉。天地睽而其事同也。男女睽而其志通也。萬物睽而其事類也。睽之時用大矣哉。

離火在上。兌澤居下。在上者動而炎上。居下者動而潤下。无相成之道。是以爲睽。離中女。兌小女。合而成卦。謂之同居。上下異動。各適其適。即各志其志。不能强同也。卦德以兌從離。兌說也。離明也。麗有所附也。柔進者。巽在下而進於上也。得中者。巽得中而應乎剛也。卦爻以六五下應九二。五居離之中。二居兌之中。以上應下。居尊者能屈己。下降者得上交。離處乖睽之時。而小有動作。尙得吉也。夫睽之爲言散也。散則人心離。國勢分。必不足成大事。似無可用。不知不睽本無合。唯睽乃有以見合也。聖人即因其睽而用之。天高地卑。睽也。位定而天地之睽者同。男外女內。睽也。禮定而男女之睽者通。耕不可衣。織不可食。車不可水。舟不可陸。睽也。制定而萬物之睽者類。故曰睽之時用大矣哉。不言時義。而曰時用。蓋應用取用。其爲用也大矣。

以此卦擬人事。凡起居飮食。暨婚嫁喪祭。皆爲人事。事無論大小。無不貴乎情之相同也。志之相通也。物之相類也。卦體離火上動、巽澤下動。離兌皆女。同出於坤。是爲同居、動則變。變則女而爲婦。所行不同。而志亦異。是動而成睽也。睽在天地。而天地之運閉、睽在男女。而男女之倫亂。睽在萬物。而萬物之品淆。大綱大紀。奚以得吉乎。唯君子以同而異。爲能善用其睽也。用以設重黎之官。天地可因睽而同。用以行嫁娶之禮。男女可因睽而通。用以定利用之經。而萬物可因睽而類。此火澤之用普。而人事之準立矣。

以此卦擬國家。其卦曰睽。睽散也。是政府與人民。其勢有動而不相見。散而不相合者矣。睽之旁通爲蹇。蹇險也。因睽而不能濟險。更何以正邦乎。睽之反卦爲家人。家人內也。因睽而不能正內。更何以定外乎。上卦離火。火本就燥。下卦兌澤。澤木潤濕。上下相背。燥濕各殊。是爲二女同居。其志不同行。二女者就離兌二象而言。不特女之志行有異。推之天地萬物。而其情亦不能强同也。國家之

內。大而天地。中而男女。小而萬物。同則見親。異則見疎。國運之治亂興衰。罔不
於此卜之。然天下無久合不睽之理。天下亦無久睽不合之勢。用其睽以濟睽。
若徒麗而得正。進而愈上。中而有應。其事猶小。其吉亦微矣。要必同其撰而天
地之道乃宏也。通其情而男女之情乃洽也。類其族而萬物之利乃普也。其德
協造化之機。其功關治平之要。非同而異之君子。不能極其用也。

通觀全卦。火上澤下。上者動而愈上。下者動而愈下。背道而馳。不得相同。卦之
所以謂睽也。卦體下互重離。多視傷明。爲睽。上互坎。坎爲心病。人各有心。孚則
通。疑則睽。情莫親於家人。睽則爲惡人。爲鬼。爲寇。或劓之。或射之。而不以爲過。
下苟能悅以事上。上亦能明以視下。則疑釋而情親。即化而爲夫爲宗。爲婚姻
而不以爲嫌。前之相疑若此其甚。後之相合又若此其切。睽合之機。即在此轉
移間耳。是以睽在內卦。皆疑而有待。睽在外卦。皆反而有應。初與四應。初之喪
馬。得四之元夫而合。二與五應。二之巷遇。得五之噬膚而合。三與上應。三之輿
曳。得上之遇雨而合。合則惡人化爲同室。睽則家人疑爲寇仇。恩怨反覆。變態

无常。君子以无心應物。不黨同。亦不伐異。初九見惡人而避咎。爲能得用睽之道也。卦體二陰本柔。內以悅而寬其憂。外以明而破其疑。所以始睽者。二女同居也。所以終合者。羣疑悉化也。卦睽而象合。易所以變化不窮也。

大象曰。上火下澤。睽。君子以同而異。

卦象皆女同也。卦體爲火澤。炎上潤下。其用各異。故曰睽。君子法之。于同處見其象。于異處別其用。不黨同以背道。亦不立異以悖俗。以同而異者。譬如聲色貨財。爲人所同欲。而或去或受。不敢苟同於人者。是其所以獨異也。此可見君子之以同而異也。火澤同卦。而炎潤各異其性者。亦猶是焉。

(占)問時運。目下運氣顛倒。惟宜正以處之。○問戰征。軍情不協。上下異趣。宜防睽散。○問功名。上下不通。功名難望。○問營商。貨價上落懸殊。能以人棄我取。尙有小利可望。○問疾病。病在上下焦。胸氣隔絕。上有火。下有濕。醫治棘手。○問家宅。此宅天盤地盤。皆動。闔家上下不利。急宜遷避。○問婚姻。有二女皆顚受聘。大者性燥急。小者性寬柔。擇而娶之。○問訟事。即可罷散。○問六甲。生女。」

初九。悔亡。喪馬勿逐。自復。見惡人。无咎。

象傳曰。見惡人。以避咎也。

初居兌體之下。自家人上爻來。家人上曰終吉。故睽初曰悔亡。爻屬震。辰在卯。上值房。房爲天駟。故稱馬。初動而上。舍我而去。故云喪。然四與初同德。他無正應。姑聽其去。勢必復來。故云勿逐自復。下互離。離性猛烈可畏。故曰惡人。兌爲見。離亦爲見。是離之惡人既來求見。兌若拒而不見。未免嫉之太甚。必致咎也。兌姑與之相見。如陽貨欲見孔子。孔子以禮往拜之旨也。故得无咎。蓋失馬而逐之。愈逐愈逸。見惡人而激之。愈激愈乖。是以勿逐而自復。見惡人而不避。可以免咎矣。能以無心而應物。則睽無不合也。象傳曰。以辟咎也。蓋不以避爲避。避而有咎。則以不避爲无咎可知也。

(占)問時運。好運初來。災悔已退。雖有喪失不必計慮。即有惡人來侵。不必拒絕。

自然無咎。○問戰征。初次開戰。雖有小敗。後必大勝。強敵亦不能害我也。无咎。

○問營商。新作貿易。失而必復。無須憂慮也。來者不拒。無須計較也。目下未見盡利。後必大亨。問功名現下雖無災悔。未得成名。必待明年。至二爻得其巷遇。斯獲顯達。○問家宅。闔宅平順。無悔。無咎。○問失物。不必尋覓。自得。○問婚姻。現下未成。待到六月。或到六年。必就。吉應在上九匪寇婚媾之辭。○問訟事。所訟必直。无咎。○問六甲。生女。

(占例)友人某來請占運氣。筮得睽之未濟。

爻辭曰。初九。悔亡。喪馬勿逐。自復。見惡人。无咎。

斷曰。此卦火性上升。澤性下降。彼我之情不洽。名之曰睽。睽者違也。今足下占氣運。而得初爻。初爻地位處最下。孤立无應。可知足下夙性孤高寡與。得失勿較。即有素所心惡之人。彼苟有求而來。亦不至拒而不納。以初爻處兌之始。外卦爲離。兌。悅也。離。明也。悅而又明。必能識人善惡。又復和光同塵。不爲過甚。卦象睽不終睽。故得无悔无咎。二爻曰遇主于巷。足下至明年。必有登進之望。

九二。遇主于巷。无咎。

象傳曰。遇主于巷。未失道也。

主者。君也。指六五而言。巷。里中道。从邑。从共。謂里中所共往來者也。二處睽失位。所如不合。與五正應。二居兌中。五居離中。兌離皆爲見。知二五均有相見之意。邂逅於巷。是不期遇而適相遇也。君臣相遇睽而終合。咎何有焉。象傳曰。未失道也。謂不假遠涉。自得相遇於巷。巷道路也。即論語所謂遇諸塗者是也。

(占)問時運。卦值乖睽。運本不佳。近始得有絕好際遇。往必有慶。○問戰征。二五相敵。內爲我兵。五爲敵兵。曲巷相遇。白刄相接。此戰未分勝負。○問營商。巷字从共。必是合夥共謀之業。當有一財主相遇。共爲經營之象。○問功名。正是風雲際遇之時。○問家宅。此宅在曲巷之內。近有貴人來會。相晤爲歡。大慶。○問疾病。得遇良醫。无咎。○問婚姻。詩所詠邂逅相遇。適我願兮。此男女私情。非正配也。○問六甲。生女。

（占例）明治二十三年。占文部省教育準則。筮得睽之噬嗑。

爻辭曰。九二。遇主于巷。无咎。

斷曰。此卦火性上炎。澤性下潤。以上下懸殊。故名曰睽。今占教育準則。而得二爻。二爻處睽失位。將无所安。譬諸近時文部省之教育。專以歐米爲法。以智與理爲主。我國舊時道德之教。亦同二之處失位。幾將委棄不用也。凡留學歐洲生徒。歸朝之後。各爲教師。以教育子弟。在此輩生徒。本不知我國古來之教。教綱紀。重名分。自足卓立萬世。培育羣材者也。迺厭故喜新。如陳相之見許行。盡棄其學而學焉。又相率我國子弟一從其教。余實憂之。爲撰道德本原一篇。明治二十三年十月十八日。請謁山縣總理大臣。乃陳述其說。是日各縣知事。亦適在坐。咸相傾聽。大臣曰。子之所論。切中時弊。命余往謁芳川文部大臣。余即日謁文部省。復申前說。閱日　天皇召問二大臣。遂下教育之勅。以余部論上達　天聽。何幸如之。爻辭所謂遇主于巷者。適相合也。易理先機。神妙如此。

道德本原節略。

大旨。昔者我邦以神儒佛三道。爲道德之標準。維持世道人心。自西學日興。舊學日廢。若不究其由來。未足施救濟之策也。以余所見。仁義忠孝節操廉耻。八字。實爲儒道之要旨。明治八年中。文部省議廢漢學科。以斥儒教。厥後政略所及。迄至今日。陷溺日深。在文部省亦初無廢意。因定各學科年限卒業。諮問於漢學教師。教師答曰。洋學非我所知。在漢學。雖生涯專修。未有窮竟。難定年限。因之議廢。余謂此迂儒之論也。豈不問孔子所云。十五志學。三十而立。孟子所云。幼而學之。壯而行之。是學皆在幼時。三十曰壯。則行所學以濟時也。程子謂中庸之書。善讀者。玩索而有得。終身用之。有不能盡。不言終身學之而不盡。其於普通科。豈無卒業之期哉。俗儒不知時務。妄作迂論。遂至切要之學。廢置不講。以致今日之禍。罪不容于死。雖然。文部省。亦有罪焉。當時俗儒。雖有此議。必係心醉西學。不識道德之本原。其在文部大臣以下。滿朝名臣賢相。皆出于漢學之門。何以頓忘此躬脩之實學乎。實爲遺憾。語曰。上之所好。下有甚焉者。從此浮薄子弟。蔑視漢學。不知伊於胡底。道德凶而廉耻滅。小則判一身之邪正。

中則關一家之盛衰。大則係天下之安危。其害有不可勝言者矣。既往不可復咎。爲今之計。冋狂瀾於既倒。以矯正世道人心。上安天子之宸襟。下增國民之福利。道德之敎。所關甚鉅。地方長官。已具文申詳文部大臣。定以儒敎主義。爲後來學科之準則。講究儒敎主義。德之本原。實今日之急務也。設定二種敎育。一曰眞理。一曰現理。眞理者。出於天理之公。合夫性命之正。即所謂正心誠意修身之學。形而上之之敎也。現理者。成于人類之私。得夫氣形之利。即所謂立身興家富國之學。形而下之之敎也。古人曰。衣食足而知禮節。又曰無恒產者無恒心。實人世之常態。此眞理現理二種。不可一日或缺者也。其略如此。

六三。見輿曳。其牛掣。其人天且劓。无初有終。

象傳曰。見輿曳。位不當也。无初有終。遇剛也。

上互坎。坎爲輿。下互離。離爲牛。无初有終。遇剛也。離亦爲見。上下互既濟。既濟初有曳輪之辭。故曰見輿曳。掣。爾雅釋。訓甹夆。掣曳也。即牽掣之意。輿指三。曳指四。掣指二三。居上下之交。其位不當。四曳之。二掣之。是曳其輿於前。又掣其牛於後也。天。胡氏安定。謂天當作而。篆文而與天字形似。即禮髡刑曰而。劓。截鼻也。髮屬心而主火。鼻屬肺而主金。此爻兌金值離火。金火相尅。故有髮鼻受傷之象。兌爲刑人。故曰其人而且劓。三爻處下卦之終。當睽違之時。以陰居陽履非其位。與上相應。上居離極。離火性烈。不合則相傷。合則相得。遇雨疑亡。睽終合矣。故曰无初有終。象傳曰。遇剛也。剛指四。即上之遇雨也。四互坎。坎爲雨。四又中立不倚。故曰剛。謂四能釋上之疑。使之終合也。

(占)問時運。運不得當。恐有刑傷之災。三年後得有好運。○問營商。與人不合。非特不能獲利。防有刑獄之厄。待後可成。○問功名。左掣右肘。動輒得咎。安能成名。晚運則佳。○問戰征。車說馬逸。兵敗將亡。不能前進。必待應軍得力。得以始敗終勝。○問婚姻。初因男家疑忌。未免受辱。終得疑釋完好。○問家宅。此宅地位不當。前後左右。皆有牽制。宅中之人。時有頭面傷殘之禍。以朝山向午。離火來尅。宜改向朝西兌位。乃吉。○問疾病。必是面上有瘡。久後自愈。○問訟事。不免刑厄。終則自解。○問失物。後可尋得。○問六甲。生女。防面有傷痕。

(占例)一日友人某氏來。曰某貴顯托僕以一事。請占其吉凶。筮得睽之大有。

爻辭曰。六三。見輿曳。其牛掣。其人天且劓。无初有終。

斷曰。彖辭謂睽火動而上。澤動而下。上下相背。是以成睽。又曰男女睽而其志通。是初睽而終合。即三爻所謂无初有終之旨也。今足下代占。而得三爻。三爻曰見輿曳。其牛掣。其人天且劓。无初有終。玩爻辭。謂人在輿中。曳者欲前。掣者欲後。前後牽引。不得上行。且有面鼻受傷之象。卦體則爲女子。料知某貴顯所委託者。必爲女子之事也。初次向說。必有上下之人阻隔。致生紛爭。所委不成。足下對某貴顯。亦覺面無光彩。象曰遇剛。看來當再挽一剛直之人。與之幫說。事乃得合。故曰无初有終。貴顯覓一小星。本屬小事。彖曰小事吉。終必有吉也。」

○明治二十九年冬至。占三十年農商務省施政實況。筮得睽之大有。

爻辭曰。六三。見輿曳。其牛掣。其人天且劓。无始有終。

斷曰。玩爻象。牛本足以駕輿。曰曳。曰掣。是反爲棄制。不能前行也。輿不能進。欲强行之。其人反遭損傷之患。爻象如是。今占農商務省。施政實況。而得此爻。我邦欲法歐米各邦農商之實例。施之內地。奈富商安於坐食。不願航海遠行。貧商欲行而苦無資本。今雖絲局茶廠。仿用器機。無如販運外洋。或爲關稅所困。或爲船險所阻。外洋貿易。迥與內地不同。農業我國土地狹隘。以人口之半爲農計之。一人僅不遇二段。是以歐米便宜之法。施之內地。實不能用。若强用之。皆歸游手無產之徒。害尤更甚。唯北海道新墾之田可用耳。及一切雜項商務。亦多不便於行。猶是火炎上。澤潤下。兩不相洽。終必睽乖而不合用也。幸農商務省曲爲設法。使老練者興工業。附商品。給以一定之商標。俾各品得以信用。又奬勵富商。使之興海陸保險會社。銀行支店。以奮起商業。可得漸見有効。謂之无始有終。

九四。睽孤。遇元夫。交孚。厲。无咎。

象傳曰。交孚无咎。志行也。

四居離卦之始。離爲目。說文目不相視爲睽。孤。謂獨立無輔也。其情既睽。其勢又孤。故曰睽孤。元夫指初。四與初所處之時。同在睽也。所居之位。同在始也。其象同。故其志同。四以无應。得初爲同志。初在卦首。故稱元。四陰位。初陽位。故四以初爲夫。且初震爻。震爲元夫。故曰遇元夫。四變損。損曰有孚。四之五爲中孚。中孚五爻曰有孚攣如。有交孚之象焉。故曰交孚。厲。无咎。謂時當睽乖。幸而得孚。雖厲无咎。象以志行釋之。謂四之志。得此交孚。乃可行也。

(占)問時運。性情孤介。不合時宜。幸得同志。差足免咎。○問戰征。孤軍深入。幾致危殆。幸而獲救。可以无咎。○問營商。孤客遠行。貨物不合銷路。進退兩難。得遇故鄕舊友。方可脫售。平安无咎。○問功名。命運孤寒。難望顯達。无咎而已。○問家宅。宅在孤村僻壤。唯有樵夫野老。來往而已。○問疾病。病是目疾。得遇良醫。可以无咎。○問六甲。生女。

(占例)明治二年十二月。晦。余借海軍省蒸氣船飛龍丸。運載支那米。赴南部宮古。臨發筮得睽之損。

爻辭曰。九四。睽孤。遇元夫。交孚。厲。无咎。

余臨事。每自占筮以爲常。特此爻无咎之言。不復介意。乘船之後。平時忙碌之身。變爲閒散。追念昔年。在南部狎昵一妓。擬待抵埠登岸。招呼侑酒。船長等驚艷稱奇。同爲一醉。一涉痴想。夜不成眠。閱三日。船抵宮古。號砲一發。村吏來迎。中有舊友二人。遂竊告之。使彼往招。既而率衆上陸。剪燈置酒。團坐會飲。頻番催呼答而不來。甚爲失望。夜深客散。乃拍手遽問。此妓出曰。妾來此久矣。自媿醜不堪侍娛。故不入也。余亦驚駭曰。何老至此也。既復沈思。蓋相別已十八年矣。易曰。老妻士夫。可羞可笑。妓復泣告曰。近因罹疾。容顏頓變。生機亦窘。有死而已。余追思往昔未免有情。誰能遣此。乃贈米二十苞。付以劵書。彼深喜而辭去。是適符睽孤遇元夫。交孚。厲无咎之象也。

六五。悔亡。厥宗噬膚。往何咎。

象傳曰。厥宗噬膚。往有慶也。

心一堂術數古籍珍本叢刊　占筮類

五居君位。時當睽乖。故有悔。宗指二。五與二應。五處離中。二至三爲離。離與離合。是宗也。二曰遇主。以五爲主。五曰厥宗。以二爲宗。是君臣會合。故悔亡。二動體噬嗑。噬嗑二爻曰。噬膚无咎。按膚謂脅革肉。爲柔而易噬。嗑。合也。二居柔位。猶言柔而易合。膚肉。猶骨肉也。蓋指厥宗而言。大宗伯以飲食之禮。親宗族兄弟。即此厥宗噬膚之義也。二往得食。故有慶。合族以食。復何睽。二五交孚。故悔亡而无咎。

(占)問時運。劣運已退。得與同宗中共事。可以无咎。○問戰征。可勇躍前往。无咎。○問營商。防合夥者有侵食之患。然徑行而往。終得有利。○問功名。得有同宗相助。乃能獲慶。○問家宅。此宅是宗族舊屋。往居有慶。○問疾病。是肌膚之疾。易治也。○問婚姻。二與五爲正應。是親戚舊家。成則有慶。○問六甲。生女。

(占例)明治二十三年春。占衆議院。筮得睽之履。

爻辭曰。六五。悔亡。厥宗噬膚。往何咎。

五爲君位。二爲臣位。二五相應。即見君臣相合。相合則言聽計從。有會議之象焉。卦名曰睽。睽乖也。違也。知會議必有睽異不合者。厥宗者。議院有二。上曰貴族院。下曰衆議院。貴族院。多是同姓諸侯。衆議院。亦間有同姓臣庶。噬膚者。謂議成得以酒食會飲也。五既居尊親二。二得荷寵事五。可見上下之志。得因睽而通也。

上九。睽孤。見豕負塗。載鬼一車。先張之弧。後說之弧。匪寇婚媾。往遇雨則吉。

象傳曰。遇雨之吉。群疑亡也。

上居外卦之極。孤高獨立。故亦稱睽孤。上互坎。爲疑。爲豕。爲車。爲鬼。爲孤。皆坎象也。離爲目。爲見。兌澤汙下。象塗泥。因睽成孤。因孤生疑。本未嘗有豕也。未嘗有鬼也。未嘗有車也。睽則目視不明。而疑心暗起。若見有豕之負塗焉。若見有車之載鬼焉。積疑成象。變端百出。疑鬼者。忽又疑爲寇焉。則將張離之弧而射之。既而諦審所見。先所爲豕邪。鬼邪。寇邪。忽又變矣。上變歸妹。則婚媾也。先之張孤。後即脫之矣。坎又爲雨。故曰遇雨。上處離極。火烈烟騰。不可向邇。遇雨則火熄。可以往也。故曰往遇雨則吉。象以疑亡釋之。謂群疑消亡。見聞皆眞。睽孤自合矣。

(占)問時運。正當交運脫運之時。切宜息心定慮。毋動妄想。妄想一端。幻形百端。防生疑病。○問戰征。營位太高。軍力太孤。防有疑兵來襲。○問營商。目下貨價。變遷百出。上落不一。時當午夏。來客稀少。必待秋雨一通。可以獲利。○問功名。現在牛怪蛇神。變動不一。待十年後。出塞入解。可許發解。○問婚姻。前因疑忌不睦。後得完好。吉。○問家宅。此宅有變。防有鬼祟。遇婚嫁喜事。可以解釋。○問疾病。杯弓蛇影。因疑成病。得破其疑。病自霍然。○問六甲。生女。

(占例)東京大家某氏夫人。偕女訪余別莊。曰良人頃患氣欝之疾。醫藥無効。養嗣某。即爲此女之夫。性游蕩。不克承家。妾等實所憂慮。請幸一占。筮得睽之歸妹。

上九曰。睽孤。見豕負塗。載鬼一車。先張之孤。後說之孤。匪寇婚媾。往遇雨則吉。」

斷曰。卦體下兌上離。炎上者動而愈上。潤下者動而愈下。上下不合。故卦爲睽。卦象爲二女同居。其志不同行。又曰男女睽而其志通。是以內三爻言睽。外三爻言睽而合。是始睽後合之象也。上九居睽之極。因疑生睽。愈睽愈疑。目之所見。積疑成象。豕也。車也。鬼也。寇也。恍若歷歷在前。實則一一皆幻。天下事杯弓蛇影。因疑兆禍者。類如斯也。今夫人爲尊君之病患。與養嗣之行止。特來請占。筮得睽之上爻。知其病之由來。與所占之本意。皆由猜疑一念而生也。尊君爲養嗣。不克承家。日夕疑慮。以致火氣上冲。濕氣下欝。上下不通。遂成是疾。雨者。下降也。病得大小便一通。自然安愈。君家養嗣。余所深知。文學志操。逈超流俗。緣其性情風雅。偶或招妓置酒。怡情於花柳之場。此亦雅人深致。何足爲怪。夫人等因之生疑。始則猜忌。繼則交讁。終則反目。一切所聞所見。如爻象所謂豕車鬼寇。悉現其形。凡床第閒恩愛之私。雲雨之夢。久已睽隔。斯疑者益疑。睽者益睽。男女之志。必不通矣。上居離火之極。極則必反。炎上當反而潤下爲雨。夫人等亦宜反而思之。務勸令媛。溫柔以接之。兌悅以事之。如物之枯者得雨而復蘇。則睽不終睽矣。彖所云男女睽而其志通也。正合此占。

○明治二十四年四月十日。余清晨無事。閒閱新聞及雜書。未幾意倦。拋書而起。愛此風日晴和。遊興頓發。將赴近縣。探賞春光。臨行偶試一筮。得睽之歸妹。

爻辭曰。上九睽孤。見豕負塗。載鬼一車。先張之弧。後說之弧。匪寇婚媾。往遇雨則吉。

斷曰。爻辭曰。睽孤。猶示余孤身獨行也。曰見豕。載鬼。張弧。說弧。言其目見之無定形。猶示余游跡之無定所也。余是日出游。憩息於神奈川停車場。或赴橫須賀。或赴箱根湯本。意猶未定。至登車乃決往箱根。車中適遇東京舊友某氏。赴大阪。並坐談易。興味頗好。余遂改意趨大阪。翌日食後。出游市中。將就書肆。閱覽古書。乃過心齋橋。訪鹿田書店。問以易書珍本。主人出示松井羅州所著周易解故。此書余往年徧覓不得。今得購之。又示以松井氏所著周易釋故。及直勢中洲所著周易大傳等。是皆讀易家所珍。書面有小島氏藏書一印。余叩其出處。主人曰。昨購於西京古書肆。此書皆係小島氏舊藏。氏沒後。其子不能讀父書。故囑之。余曰。如子之外。猶有同購者乎。主人曰西京麩屋町。書林某。及東京書林某。相與分買之也。余乃悉以其價購之。後赴西京。又就麩屋町書肆。凡小島氏遺本。又悉購之。歸東。訪書肆琳琅閣。又得小島氏易書三種。於是小島氏遺書。悉皆歸余。余益感易辭之精切也。爻所謂載鬼一車者。非鬼。乃書也。遇雨者。舊雨也。即車中所遇之舊友也。所謂遇雨則吉者。此也。

䷦

水山蹇

序卦傳曰。睽者乖也。乖必有難。故受之以蹇。蹇難也。蹇與睽不相對而適相似。離在上。兌在下。澤欲潤而火自上燥之。用相反也。故爲睽。坎在上。艮在下。水欲流而山自下止之。用相阻也。故爲蹇。此蹇之所以繼睽也。

蹇利西南。不利東北。利見大人。貞吉。

坎位北。艮位東北。天氣由北而東。而南。而西。日月出於東。沒於西。天之行也。卦體內艮外坎。自東而北。逆天而行。是以爲蹇。蹇自睽來。艮坎位在東北。兌離位在西南。就東北是本位。則難上加難。故不利。就西南。是睽位。則可以濟難。故利。且自東北而西南爲順天。天順者必利。大人。即離明繼照之大人也。明足濟蹇。故利見。道得其貞。吉無不利。

彖傳曰。蹇難也。險在前也。見險而能止。知矣哉。蹇利。

西南。往得中也。不利東北。其道窮也。利見大人。往有。功也。當位貞吉。以正邦也。蹇之時用大矣哉。

卦體下艮上坎。坎者。水也。艮者。山也。水在上。山在下。坎爲險。故曰險在前。下互離。離爲見。艮爲止。故曰見險而能止。就艮而言。象取能止。就蹇而言。義取能往。故爻辭多曰往蹇。利西南。離正南。兌正西。說而又明。可以出離。故曰往得中也。東北蹇之本卦。是以難入難。故其道窮也。知其所往。則利。不知而誤往焉。則不利。知矣哉三字。是爲處蹇者警醒之也。大人者。謂其位居至尊。德足濟蹇。故凡有事於蹇者。所當利見。往而見之。不特可以平蹇。且可以見功也。故曰往有功也。二至上。皆當位得正。貞吉。謂五也。五爲蹇主。所謂大人者。正己而正物者也。故曰正邦。孔子論興邦。曰知難。蹇。難也。五大蹇。爲知難之君。餘爻皆曰往蹇。是群策羣力。爲能相助以圖蹇也。蓋處之時。不貴知蹇而終止。貴在用蹇而前往。斯蹇之時可濟。而蹇之用乃大。故曰蹇之時用大矣哉。

以此卦擬人事。蹇字从足。从寒省。與謇騫字相類。皆有難義。蹇。說文蹇。謂足偏蹇。不良於行。而又值險在前。故爲蹇。蹇。難也。凡人當蹇難之際。進退趑趄。皆有偏跛不前之象。此卦之所以名蹇也。卦象爲山上有水。水在地則平。在山則險。人見其險。而裹足不行。則險止於此。人亦止於此。雖其知能避險。其將何以濟險乎。爻辭皆曰往蹇。可知蹇之用。不在能止。而在能往。故曰往有功。然往亦宜審其方嚮。北坎方。東北艮方。坎水艮山。仍爲蹇難之方。往之不利。是謂其道窮也。西南坤方。坤爲地。爲康。是康莊之地。往之則利。是謂往得中也。有位者謂大人。有德者亦謂大人。當此艱險在前。不辨向往。往見老成熟鍊者。示我周行。斯往有功也。當位謂當其方位。正路而行。自然獲吉。蹇既得出。人事乃亨。亨則小可以正身。大亦可以正邦。際蹇之時。因蹇之用。不以蹇而傷其窮。轉以蹇而大其用。故曰蹇之時用大矣哉。

以此卦擬國家。卦以五爻爲主。五居尊位。爲君。爻曰大蹇。是當國家之大難也。坎爲溝瀆。爲隱伏。隱處而有溝瀆。是陷井也。艮爲徑路。徑爲路之至小至狹。是山間鹿兎之蹊。亦險地也。卦象爲險。卦名爲蹇。國家當此。顯見水阻於上。山阻於下。梗塞不通。敎化不行。爲國步艱難之會。則足以圖蹇有功者。惟在此五爻耳。彖所稱利見大人者。指五爻而言。五爻能度其往之方位。審其方之利害。并妙其蹇之功用。故諸爻曰往。五爻曰來。謂能集朋來之力。以濟大蹇之時。內而正身。外而正邦。非大人不克臻此。

通觀此卦。卦體以坎上艮下爲蹇。易位則爲蒙。蒙象曰。山下出泉。泉之初出。貴養之以正。蹇象曰。山上有水。水之有險。貴往之得中。得中則知險。知險則知往。知往則能知利與不利。而所往不誤。斯蹇可濟矣。自來處蹇而能用蹇者。唯在當位貞吉之大人。下此有事於蹇者。皆當利見夫大人。所謂大人者。即指爻中之九五也。五爻又知蹇非獨力所能濟。五與二應。是以五曰大蹇。二曰蹇蹇。孜孜矻矻。以共濟艱難。惟恐少後。蓋五者君之道。民之危。猶已之危也。二者相之道。君之憂。猶已之憂也。以身任天下之重者。固當如此也。若徒效保身之哲。踏河入海。措世事於無聞。則就能力濟此蹇乎。即在初上三四六。均有世道之責。

或反而安。或速而濟。或見而碩。俱欲舉天下而治之。在來嚳之賢。猶冀其有待。聖人之不能忘天下。固如是其至也。然天下非一人之事。濟天下非一人之力所能。君必網羅人材。以收羣策羣力之效。臣必靖共爾位。以盡汝爲汝翼之功。然濟蹇者才。而所以濟蹇。尤在夫德。象傳曰。君子反身修德。有其德則自足化險。自足以靖難。明夷傳曰。蒙大難。文王以之。此可見文王之德之純也。文王爲西南之吉。彖曰。利西南。其以此也夫。

大象曰。山上有水蹇。君子以反身修德。

山上有水爲蹇。蹇反卦解。解之象曰。雷雨作。雷雨自上而降。雨降則山上之水必隨而降。則蹇可解矣。君子法之。以反身修德。不憂其之難解。惟慮其德之未修。坎爲悔。有反悔之意焉。艮爲愼德之義焉。孟子曰。行有不得者。反求諸其身而已矣。此之謂也。

(占)問時運。運當艱難。宜加奮勉。方可出險。○問戰征。入山窮水。複雜之地。進退兩難。宜率六軍。戮力向西南進攻。方可獲利。○問功名。坎險艮止。功名有阻。反身加勉。五年後至上爻。象曰。利見大人。以從貴也。成名可望。○問營商。水在山上。則水蓄而不流。有財不流通之象。營商者難之。○問家宅。此宅傍山。防有山上來水沖落。致損墻屋。宜改易其朝向。乃利。○問婚姻。山水本兩相爲偶。山下水高則爲失偶。故有蹇。不成則已。成亦必有反悔。○問疾病。蹇爲足疾。涉水登山。必不能往行也。○問失物。宜反從身上尋之。○問訟事。宜自反而罷訟。吉。○問行人。被中途發水所阻。大有險難。他日空身可歸。○問六甲。生男。

初六。往蹇來譽。

象傳曰。往蹇來譽。宜待也。

初爻居艮之下。當蹇之始。往蹇者。往就蹇地。在初去蹇猶遠。可以不往。乃不避險阻。敢於犯難。在五視之初。能首倡赴義。開朋來之先聲。問足嘉譽。象傳曰。宜待也。以爲輕身嘗試。徒博一時之譽。不如沈機觀變。待時而動。斯得濟蹇之實功也。

(占)問時運。好運未來。宜謹守以待。○問戰征。有險在前。未可進往。宜暫退守。○問營商。售買之處。適有危。不可販貨前往。須暫時待價。○問功名。從軍効力。皆冒險犯難。獲邀獎賞。故曰來譽。○問家宅。地位險阻。遷居不利。○問疾病。在初起。不必急往求醫。宜退而自養。○問婚姻。不必急就。還宜待吉。○問失物。緩之可得。○問六甲。生男。

(占例)友人某來。因一事進退未定。請卜以決之。筮得蹇之既濟。

爻辭曰。初六。往蹇來譽。

斷曰。卦名曰蹇。蹇難也。卦爻在初。是初次遇難也。爻辭曰往蹇。其往就難地也。曰來譽。稱其勇於赴難也。而象傳則曰宜待。蓋謂輕身嘗試。不如待時而動也。玩釋爻意。其於臨難進退之機。歷歷明示。足下所問一事。爲進退未定。得此爻而昭然如揭矣。神機發現。不爽毫釐。神妙如此。

六二。王臣蹇蹇。匪躬之故。

象傳曰。王臣蹇蹇。終无尤也。

王指九五。臣指六二。二居下卦之中。上應九五。爻互重坎。故曰蹇蹇。謂其涉蹇以濟蹇。有鞠躬盡瘁之忱。諸爻皆言往。猶以爲國難而往赴之。二則直以國事爲己事。犯其難而不顧也。象傳以終无尤釋之。謂其能致身事君。夫復尤。

(占)問時運。目下運氣尷尬。險難重重。主一身勞碌。○問戰征。防軍入險地。身被重圍。有罹士元落鳳坡之象。○問營商。爲內地運貨。中途被水。有人財兩失之患。○問功名。爲急公求名。名成而身莫保。邀身後之榮。○問家宅。此宅在艮山之中。向朝東北。險既重。不利。○問婚姻。二應五。主結貴親。防後日夫君有難。身命難保。○問訟事。凶。○問行人。凶。○問失物。終不可得。○問六甲。生男。

(占例)明治十三年某月。予過訪東京某紳士。互叙久濶。主人曰。近因小兒爲商務負債。日夕奔走措置。予甚憂慮。予曰。此等債務。憂亦無憂。當善謀一置處之方。無已不如占問一卦。以决可否。於是主人自執筮蓍。予代爲祈禱。筮得蹇之井。

爻辭曰。六二。王臣蹇蹇。匪躬之故。

斷曰。蹇者多難之卦。二爻爲下卦之主。是身任其難者也。令郎爲商業負此巨債。不能不前往理處。無如債累重重。一時終不能了。今占得蹇二爻。爻辭曰。王臣蹇蹇。非躬之故。蹇蹇謂其事難而又難。非躬之故。謂其債因商業而負。非一身之故也。玩前後爻象。三爻以來反爲喜。知三爻不能相助爲理。四爻曰來連。能與以爲連手。五爻爲卦主。是營商正主。或成訟則爲裁判長官。曰朋來。謂招集債友。共相商議。象曰中節。節省也。謂節減債欵以了事。上六則爲局外之長者。前來居間調劑也。據此現宜從初爻之辭。暫爲退待以俟機會。毋許勞勞。某紳士深感易之妙。後果如占所云。

九三。往蹇來反。

象傳曰。往蹇來反。內喜之也。

三爻居內卦之上。爲艮之主。當上下之交。與坎爲隣。往蹇者。謂往赴五之大蹇。

五以三陽因當位。使之來反以治其內。三本見險而止。喜退而不喜往也。其往也。爲迫於諸爻。故同往。其反也。爲得自全。故有喜。三動變爲比。比二曰。比之自內。故象以內喜釋之。

(占)問時運。運値多難。前進不利。不如退守。○問戰征。有軍出復旋師之象。○問營商。有去而不來。販貨復回。轉銷內地之象。○問功名。爲出使在外。改名內用。○問家宅。此宅。後靠山。前臨水。初欲他遷。後復歸來。得以團聚爲喜。○問婚姻。前欲他適。後得歸來。可喜。○問行人。即日來喜。○問失物。失而復得。○問六甲。生男。

(占例)明治二十三年。占國運。筮得蹇之比。

爻辭曰。九三。往蹇來反。

斷曰。卦名曰蹇。蹇難也。爻曰往蹇。爲往就蹇地。曰來反。爲往而復反。象曰。內喜之也。爲喜其反而得以自全。詳繹爻辭。知國運値此多難。往而濟蹇。不如反而治內。至五爻。大君擅權。朋來相輔。而蹇可濟矣。則知以三濟內蹇。以五濟外蹇。

相與有功也。喜可知矣。以爻象計之。應在二年之後。

○明治元年四月。友人某來曰。余近奉仕官某藩之命。發程有期。特來告別。觀其容貌威武。腰佩兩刀。猶是藩士舊狀。今際會風雲。有志維新者也。請占前途氣運。筮得蹇之比。

爻辭曰。九三。往蹇來反。

斷曰。三爲艮止之主。當上下之交。進退本多不決。其往也。固非所願。亦第隨人共往之耳。及其來反。焉得不中心喜之。爻辭之意如此。今足下因奉命將行。占得此爻。度足下之意。或有亦與前途有難。不喜前往。余勸足下。不妨準作前行。當有後命即來召曰。欲令足下奉職於內也。後友人尚未起程。即命止行。留爲內用。

六四。往蹇來連。

象傳曰。往蹇來連。當位實也。

四居上卦之首。比近於五。五所倚重。是爲親近之臣。連者。謂君臣一體。如心腹股肱之相連繫也。往蹇來連。謂三與上爲同卦。故與上同往。最爲連合。以視初之往而有待。三之往而復反。較爲得其實力也。象曰。當位實也。四當位履正。艮爲實。故曰實。上既此連尊爻。下又連絡諸爻。得以實心實交若濟蹇難也。

(占)問時運。運多蹇險。以其能連合衆心。得以濟險。○問戰征。四爻陰柔。可知軍力單薄。以其能與衆軍同心同德。連絡一氣。乃可出險。○問功名。來連者。有連陞之象。○問營商。來連者。謂先後商客。皆相連而來。曰當位實也。實充實。謂得嬴滿也。○問家宅。此宅必與隣屋比連。地位相當。家道殷實。○問婚姻。必是老親結親。重連訂好。吉。○問疾病。此病必連綿已久。一時不愈。○問訟事。遲久可了。○問行人。流連在外。一時不歸。○問六甲。生男。想是孿胎。

(占例)明治二十四年。有某友來。占某國樞密院氣運。筮得蹇之咸。

爻辭曰。六四。往蹇來連。

斷曰。四爻比連君位。是爲親近之臣。所謂心腹股肱。與君一氣相連者也。恰合樞密院之位。足下占問某國。是外國也。故爻應在外卦。爻辭曰。往蹇來連。知某國近有內難外侮交作。樞密院諸臣。防有連累及禍者。諸爻皆曰往蹇。唯五與二不言往。五爲大君。二爲內臣。是身臨其難者也。樞密院。本在內臣之位。諸爻以圖其濟其蹇。其曰往蹇者。或指出使於外而言。一時蹇難未平。氣運不佳。必待至上爻。可以出蹇。

○明治三十一年。占衆議院氣運。筮得蹇之咸。

爻辭曰。六四。往蹇來連。

象傳曰。往蹇來連。當位實也。

斷曰。爻曰來連。有連合衆議之象。象曰當位。謂得當議員之位。今政府以戰勝之後。受各邦之猜忌。將擴張兵備。預作濟蹇之圖。已呈出其議於議會。議員等。連絡私黨。不應政府之意。政府因之多難。上卦爲坎。坎險也。下卦爲艮。艮止也。合之謂蹇。以致政府號令有阻止而不能行也。今見得四爻。四爻比近於五。知衆議員中必有深淺時艱。能體合至尊之意。折衷衆議之論說。以排解國家之困難。斯議可成。而蹇可濟矣。象曰。當位實也。實謂能實濟其難。非徒空言已也。當時議會視聞自由改進兩黨軋轢。議多不合。後自由黨迎合政府之意。與國民協會聯合。增稅之議乃決。

九五。大蹇朋來。

象傳曰。大蹇朋來。以中節也。

就諸爻言則爲往。就五爻言則爲來。在諸爻則蹇猶小。在五爻則蹇獨大。蓋五爻合諸爻之蹇以爲蹇。而獨當蹇之大者也。故曰大蹇。君臣以義合。朋友以情合。五畧分言情。故喜其來而稱之謂朋。五盈滿當位。德足任人。故能使疏附後先。咸來輔翼。得藉羣材以濟大蹇。其濟也。雖出於君之威福。而諸臣要與有力焉。五動體坤。坤西南得朋。蹇利西南。故亦曰朋。象以中節釋之。謂五得位履中。不易其節。故卒得出蹇也。

(占)問時運。阨運將退。漸得化危爲安。○問戰征。前既被圍。今幸得救兵齊來。得以一戰出圍。○問功名。位近至尊。足以匡濟。大榮吉。○問營商。衆貨輻輳。一時難以脫售。○問家宅。地近禁衛。當衝繁疲難之區。車馬紛逐之會。不宜民居。可改作會館議院。○問疾病。此是危難大症。宜邀集衆醫會治。方可望愈。○問六甲。生男。

(占例)明治二十年。占某貴顯氣運。筮得蹇之謙。

爻辭曰。九五。大蹇。朋來。

斷曰。卦名曰蹇。爻曰大蹇。知蹇難重重。非一己之力。所能解脫。今某貴顯占氣運。得第五爻。五爻爲蹇之主。其蹇愈大。其濟愈難。幸某貴顯。德望素著。衆心歸服。得藉朋濟相助。乃能戡平大難。目下正當協力匡濟之時。尚未出蹇。待一年後。蹇去解來。斯可平安無患。

上六。往蹇來碩。吉。利見大人。

象傳曰。往蹇來碩。志在內也。利見大人。以從貴也。

上爻居蹇之極。身處局外。本爲蹇難所不及。爻曰往蹇。蓋賢人君子。心切時艱。不敢以身不當位。置理亂于不聞也。碩大也。來碩者。五得其相助爲理。即以大任畀之。如莘野渭濱之產出而匡時者也。故曰來碩。蹇諸爻皆在蹇中。未無嘗言。至上爻。其蹇已終。故稱吉。大人指五也。君臣同德。五爻曰以臣謂朋。上與五以君謂大人。蓋即象所謂利見大人。往有功也。象以志在內釋來碩。謂上之應在三。故志在內也。以從貴釋利見。謂上之陰從陽。故曰以從貴也。

(占)問時運。現下大難已退。大運將來。可以出面求仕。○問戰征。大兵已集。可以一戰。以出重圍。○問營商。衆商咸來。貨價大漲。即此脫售可復本。亦可獲利。○問功名。文名大振。可以利見大人。○問家宅。此宅地位高大。災殺已退。吉曜照臨。且得貴人扶助。○問婚姻。主貴。○問訟事。須從大審院判結。○問六甲。生男。

(占例)友人某來。請占氣運。筮得蹇之漸。

爻辭曰。上六。往蹇來碩。吉。利見大人。

斷曰。上爻居蹇之極。極則必變。將變蹇而成解。是大難將解之時也。今足下占氣運。得上爻。爻辭曰。往蹇來碩。吉。利見大人。玩爻辭之意。謂大蹇已往。大運將來。吉无不利。且可往見大人。出而求仕。必得貴人提拔。仕途亨通。

增補高島易斷

䷧

雷水解

卦體下坎上震。震爲雷。坎爲水。亦爲雨。震坎交錯。即成雷雨交作之象。坎於時爲冬。震於時爲春。自冬涉春。雨水乍來。春雷始發。和風送暖。堅冰漸解。天地鬱結閉寒之氣。一經雷雨鼓動。枯者生。蟄者起。無不解散而萌發也。故名其卦。曰雷水解。

解利西南。无攸往。其來復吉。有攸往。夙吉。

解。緩也。坎位北。震位東。自北轉東。而南。而西。是順天而行也。故曰利西南。解即所以解蹇。反東北而東南。倒坎艮而震坎。解之西南。即蹇之西南也。故其利同。无攸往者。謂蹇解而難已平。无難則無所往。緩以養之。以俟來復。是以來復吉也。有攸往者。謂蹇解而難猶在。有難則必有往。急以救之。不懈夙興。是以夙吉也。

彖傳曰。解險以動。動而免乎險。解。解利西南。往得衆也。其來復吉。乃得中也。有攸往夙吉。往有功也。天地解而雷雨作。雷雨作而百果草木皆甲拆。解之時大矣哉。

按解有兩音。一古買反。謂解難之初。一諸買反。謂旣解之後。序卦曰解者緩也。險難旣解。物情舒緩。故爲解。解所以解蹇也。止則蹇。而動則解。凡遇險不可不動。動斯能免乎險也。免險則爲解。西南坤位。卦體易五居三爲坤。易上居三亦爲坤。坤順得常。故利。坤爲衆。故往得衆。往自內而外。來自外而內。坤爲純陰。至震一陽來復。猶言大難初平。創痍未復。必休養生息。俾得復其元氣。故不必攸往。而自然來復。是以得中而吉也。二之大爲晉。晉明出地上。日之初升。故有夙象。晉進也。故有攸往。晉五曰往有慶。即往有功之謂也。蓋來復治內。夙往治外。內外交治。解之事盡矣。解爲二月之卦。震陽司令。雷以動之。雨以潤之。天地凝寒之氣。因而解散。萬物生育之機。因而甲拆。睽蹇二卦。皆兼取時用。解獨曰時大矣哉蓋睽蹇以得用而濟。解則不復用其解惟在待時而動耳。

以此卦擬人事。是險難乍解。元氣未復之時也。方其處險。不動則不能脫險。動必當審其方嚮。又得夫衆力。西南爲坤順之方。得衆即朋來之助。及其已解。有不可再動者。如人身疾病乍痊。血氣未復。當以休養而調攝之。斯爲得中也。有不可不速動者。如人家困難甫脫。而盜賊猶在。當必急起而翦伐之。斯爲有功也。震爲春。春氣一動。而雷雨交作。天下之積氣乃解。萬物之生機始達。猶人之威怒一振。而羣邪悉退矣。六爻皆合蹇而觀。初爲難初平。唯求无咎而已。二則難已除。斯爲貞吉矣。三則難雖消。以寇致寇。其咎亦自取耳。四之難未得全解。尙望得人相助也。五之難。能以心孚庶幾宵小自退也。上之難積惡未靖。不能不威武加之也。在天怒則雷霆。恩則膏雨。在人唯賞其善。罰其惡當之耳

以此卦擬國家。卦自明夷來。自家人而睽而蹇而解。皆爲周興殷亡之象。解爲文王羑里脫囚之時。其利西南者。文王化行西南之地。虞芮之質成。其无攸往

也。崇密之翦伐。其有攸往也。所以動兵興衆者。時當險難。不得不動耳。不動不能以免險。且不能以濟天下之蹇也。迨至商郊誓師。而來會者八百。是得衆也。即得中也。周之所以脫大難者。在此解。周之所以集大勛者。亦在此解也。王怒如雷。王澤如雨。後之王天下者。唯以法周者法天而已。天地得陽和而雷雨作。萬物得陽和而萌孼生。治道亦猶是焉。

通觀此卦。解與屯易位。屯震生在下。坎難在上。動乎險中。爲難之始生。其象曰雲雷。是天氣鬱結而未能發洩也。故不成雨。解坎難在下。震生在上。動免乎險。爲難之已解。其象曰雷雨。是天氣發洩。而恩威並施也。故曰雷雨作。解之卦義。其爲難者。坎也。陰也。其解難者震也。陽也。初爻以其始解而安之。二爻就其獲解而治之。三爻防其方解。而復致之。內三爻屬坎。坎陰也。故不言解。四爻之解。得朋爲助。五爻之解。以孚得吉。上爻之解。以用射獲利。外三爻屬震。震陽也。故言解。統之難之作也。靡不由於小人。而其解也。靡不由於君子。五爲解之主。象曰君子有解。小人退也。所謂君子。即大象所稱赦過宥罪之君子也。此爲解一卦之要領也。

大象曰。雷雨作。解。君子以赦過宥罪。

按十二消息考。坎爲十二月至正月之卦。坎五六兩爻。値雨水驚蟄。震爲二月至四月之卦。震初爻。値雷乃發聲。三爻値穀雨。解爲二月公卦。大象曰。雷雨作。蓋因其時而取象焉。坎爲罪。爲災。故有過有罪。震爲緩。爲生。故用赦用宥。君子法之。號令如雷之震。天下無不聳動。恩澤如雨之降。天下無不喜悅。夫使幽閉久繋之人。一旦得赦過宥罪。弛其禁錮。脫其桎梏。如出陷穽而復見天日。則其憂悶鬱結之氣。無不解散。是君子與民更新。以之解萬民之難也。

(占)問時運。災難解脫。大有奮發振作之象。○問戰征。威武一振。有大寇勦滅。小寇服從之象。○問功名。有聲震百里。澤被羣生之兆。○問營商。而得時得令。雷雨之動滿盈。大利。○問婚姻。震雷坎雨。陰陽交濟。生育暢茂。吉。○問家宅。天盤有動。地盤有難。宜祈禱。解免。○問行人。一時可歸。防小有災難。无咎。○問訟事。

幸得寬宥。無罪。○問六甲。生男。

初六。无咎。

象傳曰。剛柔之際。義无咎也。

初居解之始。大難初平。不求有功。只求无咎。初與四應。賴應之力。得解其險。故曰无咎。象傳所謂剛者。指四。柔者指初。際者。謂初與四相應。陰陽相交。其義自可无咎也。

(占)問時運困難初解安時守分。自得无咎。○問戰征。乍脫重圍。宜自蓄銳養精。不可妄動。得保无咎。○問營商。不致耗失。亦爲幸矣。○問功名。目下只可守舊而已。○問家宅。平安无害。○問訟事。宜和。○問婚姻。平平。○問六甲。生男。

(占例)明治二十四年三月。爲鄭永寧與淸國公使館有內通書函。一時議論紛起。眞僞莫辨。製紙分社長。陽其二氏來書。請占一卦。以判虛實。筮得解之歸妹。

爻辭曰。初六。无咎。

斷曰。解者。釋也。堅氷得暖而解散之象也。初爻曰无咎。易之爻辭。單言无咎。者。唯此一爻。是天張其口。以證鄭氏之無罪也。且解者。謂解脫罪過。初爻之陰。屬鄭氏。四爻之陽。屬淸國公使。陰陽相應。知情分頗厚。然於國家大義。一無關害。象傳曰。君子赦過宥罪。料日後審官。亦必原情赦宥。斷不以無稽文字。爲之追咎也。

九二。田獲三狐。得黃矢。貞吉。

象傳曰。九二貞吉。得中道也。

田者獵也。上互坎。坎爲狐。下互離。離爲黃矢。狐陰獸。善惑人。故譬言佞邪小人。蠱惑君聽。三者言數之多也。黃者。正色。矢者直也。二爻以陽居陰。剛柔得中。上與六五。陰陽相應。爲能輔佐大君。進賢黜邪。用以匡濟時艱者也。蓋欲解難。當先驅狐。故取離之矢。就坤之田。獲坎之羣狐而盡殲之。斯內治肅靖。于以濟險出危。納一世于中道。其在此矣。是以九二貞吉也。

(占)問時運。去邪歸正。自得安吉。○問戰征。田者獵獸。猶戰之獵敵也。獲狐者。猶獲敵之渠魁也。得矢者。猶得敵之兵器也。故貞吉。○問營商。田者在獵獸。商者在獵利。三者多數。黃者黃金。必獲厚利。吉。○問功名。曰獲。曰得。功名可望。吉。○問家宅。此宅防有狐祟。須獵獲之。乃吉。○問婚姻。此必先有小星。而後納正室也。黃者正色。爲正配。吉。○問疾病。防是狐媚邪病。宜張弧矢以驅之。吉。○問六甲。生男。

(占例)某商人占氣運。筮得解之豫。

爻辭曰。九二。田獲三狐。得黃矢。貞吉。

斷曰。獲狐得矢。知獵財獵名。无往不利。足下災難既解。所求必得。正是好運發動。有雷雨得時之象。黃爲正色。矢爲直。又知足下品行正直。不惑於狐媚。是能以正治邪。故貞吉。

○明治二十五年。余患鼻痔。呼吸不通。談話亦困。頗覺苦之。聞金杉某。留學獨逸。專修鼻科。歸朝設院受診。余欲求治。筮得解之豫。

爻辭曰。九二。田獲三狐。得黃矢。貞吉。

斷曰。內卦水險。外卦雷動。動而免險之象。故不宜坐視。宜速治療。解去疾病之難也。占得第二爻。爲坎之主。動而變豫。有豫治之象。田爲狩獵。狐爲怪物。黃矢者。射其怪物之矢。今鼻中之疣。身之怪物也。三者。爲數之多。黃矢者。想爲醫治之器也。爻可借觀其象則吉。余於是向金杉氏乞治。金杉氏一診。許爲易治。先用痲藥。通電氣於銅線。系掛於疣上。遂得截斷其疣。疣數不一。悉皆截去。病苦頓解。醫術之妙。實可驚喜。而易機之先示。悉合其狀。更可驚嘆。嗚呼易者以森羅萬象之事物。照澈於三百八十四爻之中。一一發露其靈機。以垂教於天下後世。聖人之所以爲聖人也。

○相州横須賀建築砲臺。又有造船大工場。年年埋築海面。因採土炭岩石。向歸大倉久米馬擔保。其岩石。用船運至海岸築處。幷用小輪船爲引。以取快疾。大倉組。遂自造運船。免受雇船勒索等弊。指揮得當。獨占利益。在官寮察知一人專擔。難免弊竇。欲命高島嘉兵衛。分承其役。于是大倉組忌之。隱使船夫等百般妨害。且姑意寬支貫金。每日所損。不下七八百圓。兩家俱受其困。余乃請占一卦。筮得解之豫。

爻辭曰。九二。田獲三狐。得黃矢。貞吉。

斷曰。彖謂解險以動。動而免乎險。明言一動乃可出險。就占所言。爻以二五爲紛爭之主。今得二爻。二在內卦。屬高島氏。五在外卦。屬大倉氏。二之負擔。爲四所妨。遂致互生支吾。互受虧折。爻辭曰。三狐。謂彼有三人。狡猾妨事。黃矢。謂我有一人。正直當事。以矢射狐。而狐退矣。四爻曰。朋至斯孚。朋者謂居間而講和之友。孚者。謂二五兩主。得以感孚而罷爭也。五本君子。始爲小人所狐惑。故曰君子解。小人退也。乃依此占。使橫山孫一郎。傳高島氏之意於大倉氏。事遂平和。

六三。負且乘。致寇至。貞吝。

象傳曰。負且乘。亦可醜也。自我致戎。又誰咎也。

負者。竊負。乘者。乘肥。負且乘。是竊盜而公卿也。故可醜。致寇至者。坎爲寇。六三處坎體。本寇也。寇以遭時竊位。得以策肥乘堅。爲寇者見之。曰彼亦寇也。今居然負且乘矣。是可取而代也。此謂以寇名寇。當此險難甫解。而使寇者濫居高位。豈非用人者之咎乎。故曰以我致戎。咎復何辭。吝。即醜也。

(占)問時運。運非不佳。但因素行不端。爲人鄙笑。○問戰征。戰隊自我而開。以致羣盜紛起。一時難平。○問營商。防有盜刦之患。○問功名。沐猴而冠。其能久乎。○問家宅。門戶不自謹愼。或用人不當。致召竊盜。○問婚姻。兩姓均非端正之家。是富而不仁者也。可醜。○問訟事。兩造理皆不直。○問行人。滿載而歸。但來路不正。○問失物。已被竊負盜去。不得。○問六甲。生男。

(占例)某人來。請占某區長品行。筮得解之恒。

爻辭曰。六三。負且乘。致寇至。貞吝。

斷曰。負爲肩負。小人之役也。乘爲乘車。君子之分也。負且乘。是以小人而竊居君子之分也。寇者。見之曰。是亦寇也。彼以寇顯。我豈獨不可顯乎。故曰以寇招寇。醜有由來也。觀此爻辭。則知某氏得爲區長。亦寇取而得之。必有寇伺其後者也。何能久居其任乎。未幾果罷職。

九四。解而拇。朋至斯孚。

象傳曰。解而拇。未當位也。

四居震之始。震爲足。拇足大指也。四爲解之主。解即解其蹇也。蹇爲足疾。疾在一拇。不足以爲蹇。解在一拇。亦不成其爲解。四不當位。故不能全解其蹇。第見解而拇。拇即指四。而汝也。故曰而拇。解之四。即從蹇五來。蹇五曰朋來。故解四曰朋至。四亦自知其不能解蹇。唯望朋至。得以相助爲理。將由拇以及心。斯心心相感。而蹇得全解矣。坎爲孚。故曰孚。

(占)問時運。行年已當强仕。但行運部位不當。全在因人成事而已。○問戰征。防礮彈傷足。幸救兵得力。可以解圍。○問營商。所獲甚微。唯衆心交孚。一二年後。可望厚利。○問功名。拇爲足指。卑下已極。至五爻曰。君子有解。必待下科。可望登解。○問家宅。此宅。地步低下。不得其當。只可作行棧店屋。○問婚姻。得有力媒人說合。方可成事。○問訟事。有朋友出。交相解勸。得可息訟。○問六甲。生男。

（占例）群馬縣高崎市某甲書來曰。僕近隣有乙某者。一子羅病危篤。禱於榛名神社。不日而愈。乙某深喜之。偕子謁謝神社。一日乙某以遺金。盡付其子曰。余居處。恐遭殺害。突然而行。子即出而追尋。不知去向。舉家不堪悲歎。請勞一占。以卜吉凶。余時適羅疾。因使門弟筮之。得解之師。

爻辭曰。九四。解而拇。朋至斯孚。

余見此占。問門弟將何以斷之。門弟答曰。乙某不入山。亦不投水。在東方朋友之家而已。彖曰。解險以動。動而免乎險。乙某自言。恐遭殺害而逃去。是因險而動也。既得逃避。是動而免乎險也。爻辭曰。解而拇。朋至斯孚。拇爲足大指。父子一體。子在下。是足指也。遺金而別。解拇者也。朋至斯孚。是明言在朋友之家也。孚者。得朋友一言而心感也。余喜其判語適當。遂書其斷語而函告之。後面會某甲。詢及此占。曰乙某蹤跡。適如貴占云云。

六五。君子維有解。吉。有孚于小人。

象傳曰。君子有解。小人退也。

此君子。即大象所云赦過宥罪之君子也。五居尊位與二相應。二既能得其中道。以袪羣邪。許其更新。五即因之原情赦宥。不復窮究。是以不解爲解者也。小人遂感而有孚。是以吉也。象傳曰。君子有解小人退也謂君子不必力去小人。小人自心服君子。不敢與君子同居。自古姦邪害政。皆由君子不能感化小人。小人是以不信服君子。以致傾軋。覆轍相尋。皆未明六五有解之旨也。

(占)問時運正運亨通。羣邪悉退。○問戰征。不戮一人。不加一矢。外夷來服。○問功名。利君子。不利小人。○問營商。不勞苦計營謀。自然獲利。○問家宅。此宅福曜照臨。邪魔遠避。○問婚姻。吉。○問行人。即歸。○問疾病。外邪解散。正氣來復。吉。○問訟事。理直者勝。理曲者服。即可罷訟。○問六甲。生男。

(占例)友人横山孫一郎氏來。曰近見新聞紙。所揭福地氏下獄。想此老衰之身。

際此炎暑。其困難不言可知。推其所由。爲得金草文。在草文得金。與受賄營私者。固有別焉。公冶縲絏。孔子特以非罪明之。予將爲福地氏籌一解救之方。請煩一占。筮得解之困。

爻辭曰。六五。君子維有解。吉。有孚于小人。

斷曰。解者。解散也。占得第五爻。爲解之主。爻辭曰。君子維有解。且系以吉。稱曰君子。知罪非其罪。不以罪而賤其人也。曰維有解。知不解而解。不待救而自然脫罪也。曰有孚於小人。在被起事之小人。亦知陷害君子。於心不忍。自願認罪而退也。福地氏暫受其厄。自得安吉。余因面東京裁判檢事。具語此易。不日而同氏出獄。

閱後有相知永井泰次郎氏。以訟事嫌疑。牽連被引。伊妻來請一占。又得此爻。遂即將此判詞告之。永井氏亦果以無罪放免。其事同。其爻同。其應驗亦果相同。故附記之。

上六。公用射隼于高墉之上。獲之。无不利。

象傳曰。公用射隼。以解悖也。

震爲諸侯。故稱公。坎爲弧。爲弓。故曰射。卦體上互離。離爲飛鳥。故有隼象。四動而成坤。坤爲城墉。象城墉之上。上爻居解之極。自初至五。凡用剛用柔用猛用寬。所以解除內難。亦既備矣。至上猶有飛翔在外。如鷙鳥之强悍者。五乃命六曰。公其乘坤之墉。張離之弧。抽一矢而射之。獲其魁首。无不利也。以解悖也。坎爲悖。謂滅此悖逆之徒。斯內患外寇。悉皆埽平矣。前諸爻。即彖所云其來復吉。上爻乃彖云有攸往夙吉是也。

(占)問時運。運途吉順。出外或遇小寇。宜急防之。○問戰征。防有敵兵刦掠城外。宜高阜伏矢以射之。必有獲也。○問營商。運貨出外。防有盜刦。宜嚴備禦。非特无失。且可以獲盜糧也。故曰无不利。○問功名。爻稱公。必已貴顯也。當立功於外。○問家宅。墉墻宜高。可備外竊。○問婚姻。詩云弋鳧與雁。有射之象。吉。○問訟事。悖逆自解。利。○問六甲。生男。

(占例)鎌倉圓覺寺住僧。今北洪川和尚。博曉釋典。當今之高僧也。予一日遊鎌倉。欲訪和尙。意予所談在易理。和尙所說在禪味。不知禪之三昧。與易之六爻。其旨果相符合否耶。試爲一占。筮得解之未濟。

爻辭曰。上六。公用射隼于高墉之上。獲之。无不利。

斷曰。佛法以解脫爲宗旨。取解脫煩惱之義也。今得解上爻。不言解而言射。是用佛法。攝伏外魔內性既定。外魔自消。與解所云三之狐爲內魔。上之隼爲外魔。其旨相同。知今日和尙對余所談。大旨如斯。予乃就卦義。書道歌一首。懷之以訪和尙。和尙延予入禪堂。茗談移晷。佛法易理。各極其妙。遂出道歌示之。一笑而別。

〇一日橫濱商人。左右田金作氏。來訪。請占利根運河。株式高低。筮得解之未濟。

爻辭曰。上六。公用射隼于高墉之上。獲之。无不利。

斷曰。解者。動而免險之卦。方今賣却株式。得此難得之利益。以免後日之災。故曰无不利。恰如見隼集于高墉之上。一矢射之。以去後患。若遷延過時。及至損卦。必有損而无利也。氏從此言。一次賣之。即得利益。後因獲利。而復買之。致招損失云。

○明治三十一年。占伊藤內閣氣運。筮得解之未濟。

爻辭曰。上六。公用射隼于高墉之上。獲之。无不利。

斷曰。爻辭曰公。適合內閣之稱也。內閣居高位。故曰高墉。隼。指政黨首領而言。政黨首領。身處位外。飛揚跋扈。每與政府爲難。如隼之悍鷙善掠。殘害善類。六五之君。命公乘高。射而獲之。不曰殲而曰獲。以隼本有用之材。素有功勞。故期獲而用之。以收其效。故曰獲之无不利也。象傳曰解悖。是謂解去悖逆之心。以冀歸順也。內閣躬膺總理。既修文德。又具武功。靖內難。戢外侮。固公之所優爲。解之上。而難解。正公今之時也。然解難爲解。解位亦爲解。尤公所宜慎審。遂呈此占於內閣。後內閣推薦大隈板垣兩伯。聞余以占斷當否。余曰。執一隼。又欲獲一隼。但恐所執之隼。振羽欲翔。放手遂不得復執。兩隼相軋。而不能相容。公乃遂辭內閣。亦合解卦之義也。

䷨ 山澤損

卦體上山下澤。山高也。高者愈高。謂之益上。澤卑也。卑者愈卑。謂之損下。故下不可損。損在下而益在上。謂之損。下本當益。益在下而損在上。謂之益。損益之理固相反。而損益之用適相濟。人第知其損也。而不知益即益其損。人第知益也。而不知損即損其益。是以序卦先損而後益。事先簡而後煩。禮先儉而後奢。物先虛而後盈。故易道先損。損兌益艮。所以爲損。

損有孚。元吉。无咎。可貞。利有攸往。曷之用。二簋可用享。

損通咸。有心爲感。无心爲咸。咸感孚也。故曰有孚。以其所損者。出於中心之誠。有足以見信於人也。不然。損主節儉。而儉不中禮。葛屨公路。卒來譏刺。咎且難免。奚見元吉乎。唯損而有孚。斯人感其誠。自得元吉。復何咎而可正。以斯而往。

无往不利也。損儉如此。何用豐爲乎。約之二簋。亦可用享。不特有孚於人。且可上孚夫神明矣。

象傳曰。損。損下益上。其道上行。損而有孚。元吉。无咎。可貞利。有攸往。曷之用二簋。可用享。二簋應有時。損剛益柔有時。損益盈虛。與時偕行。

損。減省也。減乾下之剛。以益坤上之柔。故爲之損下益上。亦即損剛益柔也。益在於上。故謂之其道上行。有孚者。以孚行損。則損下而下不病其損。益上而上不嫌其益。上下交孚。吉莫大焉。復有何咎。貞。正也。謂可以正其未孚也。艮在上。艮止也。艮得其益。則不爲止而爲往。故曰利有攸往。損既有孚。損自无咎。何必用豐。損之又損。即二簋亦可用享矣。震爲祭。爲鬯。艮爲宗廟。有用享之象。簋盛黍稷之器。按禮簋多用八用六。今用二。是從損也。享以誠孚。故雖二簋可也。然損宜應時。時而當損。太羹不以爲儉。時不當損。豚肩終傷其隘。故損益盈虛。要貴與時偕行也。

以此卦擬人事。損。節省也。節財爲損。節欲亦爲損。節財所以利用。節欲在於淸心。此固人事之要也。顧可損而損。雖損之而不以爲損。不可損而損。即不損而已疑其損。凡人事之動輒得咎者。皆由於損其所損。而不能見信於人。不信於人。則有損無益。咎且不免。奚以得吉。或損大益小。止且不可。奚以能往。是以損卦首曰損有孚。卦體艮上兌下。艮止也。兌悅也。有孚則悅止相承。山澤通氣。剛柔合志。上下交孚矣。不特在已願受其損。即在人亦不疑其損。故用之於家。而財用省。用之於身。而情欲寡。極其用以格神明。而神明亦享其誠。從其嗇。可無用豐也。有所往。無乎不利也。夫亦因乎其時而已矣。若時不當損。而慨從節儉。或譏其損人而益已。或斥其損公而益私。是爲人事之患。咎復何辭。故人事當察夫天時。觀日月之盈昃。寒暑之往來。即可知損益盈虛。與時偕行之道也。

以此卦擬國家。國家之制。田有賦。廛有征。貨物出入有稅。此皆損下以益上也。當其全盛。上不必須索夫下。下自樂輸將夫上。上施其仁。下懷其德。朝野一心。

損似三上失位益似初四得位合曰均二五失位得位特紋

無事則獻縱私豜以奉上。有事則簞食壺漿以迎師。所謂信則民任者。此也。得其信。則上下交孚。其道有吉而无咎。其用无往而不利。其義貴與時而偕行。取其約勿取其豐。惟其誠不維其物。可以裕國。可以理財。推之亦即可以格宗廟。凡國家之損益盈虛。唯在法夫天以應夫時而已矣。六爻言損。酌盈虛。審彼我。度終始。義各有在。初酌損。二弗損。三損一。四損疾。五不曰損。上亦曰弗損。蓋卦旣曰損。爻多不言損也。初二上皆曰志。三曰疑。四曰喜。五曰祐。其道皆取其孚也。蓋治國之道。首在得民心。民心未得。雖上日施其惠。而民不知感也。得其民心。民將曰。小民之飲食日用。皆出自上之所施也。何敢自私其有乎。雖損之不以爲怨也。損卦首揭有孚二字。其旨深遠。最宜體玩。

通觀全卦。卦下體。本乾三畫皆剛。爲有餘而當損也。上體本坤六畫皆柔。爲不足而當益也。謂之損下益上。其道上行。損益爲盛衰之機。亦即爲否泰之兆。損自泰來。益自否來。損二五失位。益二五得位。可以見否泰之相反也。損兌有餘補艮不足。上下相洽。止悅相承。是以益卦不待孚而民悅。損卦必先孚而乃吉。

以損爲人情所不欲。然人情固憂缺乏而求盈。君子則惡盈滿而思節。二簋雖薄。可享宗廟。道在以誠爲貴耳。二簋指兌之二陽。謂其簡略也。上卦爻辭。多取有孚之旨。下卦爻辭多取用享之象。合之皆取說而止之義。然非謂剛之盡可損。柔之盡可益也。時可損則損。時可益則益。非人之所能强致焉。故曰損剛益柔有時。損益盈虛。與時偕行。

大象曰。山下有澤。損。君子以懲忿窒慾。

地以益而成山。即以損而成澤。山澤本損益之物。不益則山必崩。不損則澤必涸。此卦之所以名損也。在人之易發而難制者。無如忿。易熾而難絕者。無如欲。君子見此象。知怒氣之盛。勢足拔山。故必懲之。以遏剛强之性。貪念之深。盈難填壑。故必窒之。以塞利竇之源。怒起於剛。懲忿以息其旣往。貪牽於情。窒慾以閑其將來。艮山止而兌澤塞。皆有損之象焉。

(占)問時運。目下性情不定。由於行運之不正。宜自懲創。○問營商。營商原在謀財。宜和氣。不宜恃氣。宜審利。不宜放利。○問功名。忿欲不除。雖有功名。恐不能保其終也。○問戰征。山下有澤。防山岸深處。有敵兵埋伏。○問婚姻。卦自咸恒來。女悅而男止。夫婦之道。得其正也。○問家宅。此宅後有高山。前有深澤。地勢頗險。宜開鑿之。使平。○問訟事。不使氣。不貪財。訟自平矣。○問失物。不得。○問六甲。單月生男。雙月生女。

初九。已事遄往。无咎。酌損之。

象傳曰。已事遄往。尚合志也。

初爻處卦之始。即爲謀事之始也。已事者。已其事也。即艮止之意。遄往者。遄速也。事既可已。即當遄往。一經因循。必致誤事。是以有咎。故曰已事遄往。无咎。若事在可已不可已之間。已之則失業。不已則害公。惟當酌其輕重緩急之宜。故曰酌損之。象傳以尚合志釋之。上作尚。庶幾也。已事遄往。庶幾與上合志也。虞氏以已作祀。祀。謂祭祀。祀事而云酌損。即彖所云二簋可用享之義。其說亦通。

(占)問時運。已往莫追。目下宜急加勉。自可免咎。○問戰征。宜速進兵。不可遲緩。輜重糧食。亦須酌損。○問營商。販運宜速。審時度勢。宜酌量前行。定可獲利。必无咎也。○問功名。速往則得。遲緩無成。○問婚姻。即日迎娶。兩姓好合。○問家宅。須速他遷。吉。○問訟事。即速了結罷訟。○問失物。速尋可得。○問六甲。生女。

(占例)友人某來曰。有朋友以急需借金。請占後日利害。筮得損之蒙。

爻辭曰。初九。已事遄往。无咎。酌損之。

斷曰。爻居內卦。又在初位。內卦爲兌。兌爲口。有開口求人之象。爻辭曰已事遄往。无咎。謂當此時處困難。宜拋棄其事。赶急前往。以求救援。得季布之千金一諾。斯可无咎矣。酌損之者。謂其所借金數。或有不足。又宜酌量多寡。以賑其乏。玩此爻辭。知需用急切。有不可片刻寬緩者。緩即有咎。但所借之欵。必有減少。亦不至空手而回也。

九二。利貞。征凶。弗損益之。

象傳曰。九二利貞。中以爲志也。

二處內卦之中。凡事之有待損之益之者。必其未協於中也。二得中。則以弗損爲利貞。若不可損而損之。則損之反失中。是以征凶。損與益相對。人祗知損其所損。以損爲益。不知不損其所不損。不損乃爲益。蓋其所弗損弗益者。惟在守其中道而已。得其中。即利貞也。象傳以中以爲志釋之。志猶射之的。以中爲的。志之於此也。

(占)問時運。好運方來。不減不加。萬事得中。自然獲利。○問戰征。不必減糧。不必添兵。堅守中營。有勝無敗。若鹵莽前往。恐有凶也。○問營商。貨物合宜。不必減價。无不獲利。○問功名。無榮無辱。靑氈守舊。○問婚姻。兩姓門戶相當。吉。○問家宅。地位得中。不必添改。大利。○問訟事。平和。○問失物。原物無失。○問六甲。生女。

(占例)友人某來曰。余爲實兄。在大阪堂島米市。大受虧耗。有献斡旋之策者。以電報來告。催余運送多金。猶得轉敗爲勝。余恐再失。則受虧愈大。因占其成否如何。筮得損之頤。

爻辭曰。九二利貞。往凶。弗損益之。

斷曰。卦象澤低而山高。知一時米價大有高下之勢。初次見價低。而多數約賣。今臨期騰貴。不能不如數應付。以致受耗。東京支店之金。不可動也。謂之利貞。若送金而往。謂之征凶。大阪本店雖虧。以東京支店維持之。自可挽回。謂之弗損益之。後果然所占。

○明治六年。貴顯某任某縣縣令。來請占氣運。筮得損之頤。

爻辭曰。九二利貞征凶。弗損益之。

斷曰。損卦爲損下而益上。二爻曰弗損益之。是明明言下不必損。上不必益也。今足下出任某縣令。占得此爻。爻辭九二利貞征凶。弗損益之。以九二爻位得正。宜固守成規。不必改作。自得其利。若妄自更張。競求進步。反致凶也。故無取於損。弗損即爲利貞。足下其謹遵爻辭。行之可也。

六三。三人行。則損一人。一人行。則得其友。

象傳曰。一人行。三則疑也。

六三辰在亥。得乾氣。乾爲人。又爲行。三爻爲三人。故曰三人行。乾上至三而變兌。是三損一也。上互坤。變坤之上畫成艮。二陰一陽。故曰一人行。三爲損卦主爻。居兌卦之終。兌爲友。故曰得友。是艮得其友也。蓋天下事。一則不足。三則過之。以二爲得中。乃奇偶之定數。是以三人行。則損其一。以成二。一人行。則得其友。亦成二。一而二。二而一。斯之爲合志。不然。三人成衆。衆則人心不一。而疑惑生焉。故象傳以三則疑也釋之。

(占)問時運。財運平平。少則獲利。多則有損。利雙月。不利單月。○問戰征。宜從兌方。一路進軍。自有援兵相助。有勝无敗。○問營商。商業宜於一人獨做。否則二人同辦。再多則必有損。○問功名。須一人獨往。必得成名。○問婚姻。得友。即得偶也。吉。○問家宅。宅在兌方。宅中丁口。每家只有兩丁可斷。○問訟事。兩造成訟。爲中有一人唆弄所致。去此一人。則訟了矣。○問六甲。生女。

(占例)明治二十五年。四月。余任北海道炭礦鐵道會社長之役。將赴所任。占改正處分如何。筮得損之大畜。

爻辭曰。六三。三人行。則損一人。一人行。則得其友。

斷曰。卦體艮山兌澤。卦德損下。益上。明見上卦之山愈高。下卦之澤愈低。有上下不通之勢。上下不通。必致事務阻礙。弊端百出。會社因之招損失也。今余恭任社長。勢不可不淘汰人員。革除弊害。然此社之弊有二。一係社務。不專關營利主義。一係社員。多由官吏而來。不關營利主義。則社用之出納無準。由官吏而來。則社規之約束難齊。於是耗費多。冗員衆。社中諸務。皆有名無實而已。余欲振興會社。所以不能銳意改革也。今占得三爻。玩繹爻辭。是明明告我三分中損一之法也。余得此卦。遂單身赴北海道。斷行改革。先減役員三分之一開其端緒。自是而社務遂大得整頓。

○明治二十五年。余爲北海道炭礦會社社長。時因石炭之販路有礙。所採掘石炭。堆聚不售。社員皆爲焦心。筮得損之大畜。

爻辭曰。六三。三人行。則損一人。一人行。則得其友。

斷曰。據爻辭稱三人行則損一。一人行則得友。是明示以少則得利。多則有損。爲目下之情形也。至四爻。則曰損其疾。使遄有喜。是明言去其貨之劣者。使往售而有喜也。五爻則曰或益之十朋之龜。弗克違。元吉。按古者貨貝五朋。是明言必將益價。莫之能違。是以大吉。上爻則曰弗損益之。利有攸往。是明言價無上落。可以到處銷售。自能獲利也。此後出損入益。益彖曰。利有攸往。利涉大川是明言可以販運出洋。銷行於外國也。益六爻。皆有暢銷獲利之象。由此推之。以一爻爲一年。洞悉九年如一日。集社員示以此斷。果哉二十五年。多蓄石炭。二十六年販路頓開。照此占辭。料知此後社務。必可隆昌也。

○友人某來。請占事業之成否。筮得損之大畜。

爻辭曰。六三。三人行。則損一人。一人行。則得其友。

斷曰。此卦山高而上聳。澤低而下陷。山澤不通氣。有草木不生。魚鼈不育之象。今占得三爻。爻辭大旨。謂三人則損。一人則得。知合衆興事。必多意見不合。反致損失。足下能獨力成事。必得同心之友來助。可以興業而有爲也。

○明治三十二年。一月。自由黨與政府提携議會。所議漸合政府之意。自由黨乃推選三人。請置大臣之位。政府不允。諸新聞多論其可否。某議員來。請占自由黨之意向。果否貫徹。筮得損之大畜。

爻辭曰。六三。三人行。則損一人。一人行。則得其友。

斷曰。此卦內卦爲政府。外卦爲黨員。黨員向政府推擧大臣。政府秉艮止之性。不允其請。是下說上止。故名其卦曰損。六三陰爻。與上九陽爻相應。故黨員之意。得達政府。在政府爲今進黨員三人。不得不黜大臣三人。是政府之所以爲難也。或三人中選用二人乎。謂之三人行則損一人。或只用一人乎。謂之一人行。則得其友也。他日偶晤板垣伯。談及此占。相與一笑。後因黨內有猜忌者。此事遂止。

六四。損其疾。使遄有喜。无咎。

象傳曰。損其疾。亦可喜也。

此爻以陰居陰。爲外卦之始。與初九相應。初動體坎。坎爲心病。疾所由生。疾曰其病。其指初也。得四爲之應。內外皆知所當損。而決計損之。則事之損猶在後。疾之損爲在先也。疾損而遄。遄者初。使之遄者。四也。蓋有疾則憂。疾損則喜。故无咎也。象傳以亦可喜釋之。謂不必言損事。但言損疾。而亦可喜。則損事之喜。更可知矣。

(占)問時運。目下雖有小災。得救即療。可以轉憂爲喜。○問營商。貨宜減辦。使之即往販售。獲利可喜。○問戰征。未免遭傷。醫治可療。无咎。○問家宅。此宅陰氣過盛。宅眷致多疾病。祈禱可療。无咎。○問功名。一時難望。○問婚姻。四與初相應。初陽四陰。陰陽相合。必成可喜。○問訟事。疾者。害也。去其所害。訟自平矣。○問行人。有事他往。一時未歸。有喜无咎。○問六甲。生男。

（占例）工部省書記杉實信氏。予舊親也。明治十五年二月某日。晨起得電報云杉氏罹急疾。余驚而筮之。得損之睽。

爻辭曰。九四。損其疾。使遄有喜。无咎。

斷曰。觀爻辭。已得明示。謂此病頗重。使名醫速施治療。可立愈也。若遷緩過期。雖名醫亦將束手。故曰損其疾。使遄有喜。无咎。不幸夜來。大雪紛飛。杜絕行道。朝來風雪益狂。余冒雪赴品川。訪杉氏於病室。醫師皆爲大雪所阻。延期不到。果即日死去。亦天數也。可嘆可悼。

六五。或益之。十朋之龜。弗克違。元吉。

象傳曰。六五元吉。自上祐也。

十朋之龜。元龜長一尺二寸。直二千一百六十。爲大貝十朋。公龜九寸以上。直五百。爲牡貝十朋。侯龜七寸以上。直三百。爲公貝十朋。子龜五寸以上。直百。爲小貝十朋。見漢書。坤數十。又偶爲朋。故有十朋之象。龜者靈物。能前知吉凶。爲卜筮吉凶之具。此爻柔順得中。誠孚於下。故人獻其誠。或益之十朋之龜。或者。不知其所從來之辭。意外之益。君子疑焉。故問之於卜筮。理數已定。十朋之元龜。不能違。其吉所知。故曰十朋之龜。弗克違。元吉。象傳以上祐也釋之。上祐者。自天祐之也。以爻象言。上指上爻。謂上能輔祐六五之君也。

(占)問時運。運途全盛。可得意外寵遇。○問戰征。軍事先卜。其兆大吉。○問營商。財運之來。雖辭不去。○問功名。自天祐之。吉无不利。○問家宅。家業興隆。不卜可知。○問婚姻。天作之合。吉。○問疾病。病愈之後。且可得財。吉。○問六甲。生男。

(占例)東京豪商某家甲幹某來曰。僕受本店之命。擔任大藏省用務。率數百人以從事。近聞明年大藏省將有改正。此事擬廢。則僕所管數百人。一時皆失其業。實所不忍。今轉謀於某會社。欲授此等人以相當之業。請占其可否。筮得損之中孚。

爻辭曰。六五。或益之。十朋之龜。弗克違。元吉。

斷曰。此爻以陽居五。位得中正。可知足下秉心正直。當久任其事。不必轉而他往也。十朋之龜者。謂將來有意外之幸福也。今者大藏省有改革之議。其中或損或益。足下別有擔任之務。此數百人。因之得福。亦未可知。就爻位推之。明年當上爻。爻辭曰。不損益之。无咎。貞吉。利有攸往。明年无所損益。且貞吉有利。此事務或不復擬廢。亦未定也。總之足下與此數百人。皆得无咎且吉。不必懷憂。

某大喜。後果如此占。

上九。弗損益之。无咎。貞吉。利有攸往。得臣无家。

象傳曰。弗損益之。大得志也。

此爻居損之極。不可復損也。曰弗損益之。其辭與二同。其義與二別。上與三應。三處當損之位。人或疑損三以益上。三之損。實爲上之益也。故特示之曰弗損益之。以明三雖有損。而於上則无所損益焉。无損則事皆平均而无咎。理得安詳而貞吉。利有攸往。即彖所稱與時偕行之義。上爲艮之極。極則變。故不爲止而爲往也。上互坤。坤爲臣。艮爲家。艮動而變坤。得臣无家之象。弗損下以益上。

是王者以天下爲家。臣下化之。亦皆國而忘家。故曰得臣无家。象傳以大得志釋之。謂王者以不損益爲益。潛移默化。不見其迹。志量之所及甚大。故曰大得志也。

（占）問時運。目下絕無窒礙。所往皆利。大吉。○問戰征。軍隊不須添減。率此以往。攻克戰勝。无往不利。可大得志也。○問營商。貨價無甚上落。往售皆可獲利。大吉。○問功名。目下即可得志。○問家宅。此宅不必改造。自得吉利。○問疾病。當出外求醫。无咎。○問行人。在外大吉。一時未必歸家。○問六甲。生男。

（占例）明治九年。長崎商人。大浦阿啓。與神代某來曰。前自驛遞局。借與橫濱製鐵所從事船舶修繕。後因得不償失。大被虧損。計將返納於驛遞局。或轉讓與他人。兩者未決。請占其孰可。筮得損之臨。

爻辭曰。上九。弗損益之。无咎。貞吉。利有攸往。得臣无家。

斷曰。此爻爲損之極。今後更無所損。不損則必有所益。故其辭曰。弗損益之。无咎。貞吉。利有攸往也。二友信之。遂決計續承其業。翌年有西南之役。船舶修繕繁多。其得利益云。

增補高島易斷

䷩ 風雷益

卦體下震上巽。巽爲風。震爲雷。風自天來。雷自地出。是以損乾下畫之陽爲巽。益坤下畫之陰爲震。益者益陰。損者損陽。陽實。而乾爲純陽。實之至也。故可損。陰虛。而坤爲純陰。虛之至也。故曰益。且風之勢過暴。必致摧喪萬物。損之而其氣和。雷之威不振。無以鼓動萬物。益之而其氣斯暢。是以損上益下。名其卦曰風雷益。

益利有攸往。利涉大川。

益字。上从仌。形同☵。爲坎。橫之則从水。坎爲水。亦爲大川。下从皿。釋文。益以增長爲名。以宏裕爲義。增長宏裕。皆言其利益之普也。震爲行。巽爲利。故曰利有攸往。凡卦言利涉大川。有取乾。有取坤。有取巽。隨卦取象。益上卦爲巽。變巽之下成乾。變巽之上成坎。得乾坎之氣。巽爲風。風行最疾。波濤無阻。是以旣曰利有攸往。又曰利涉大川也。

象傳曰。益損上益下。民說无疆。自上下下。其道大光。利有攸往。中正有慶。利涉大川。木道乃行。益動而巽。日進无疆。天施地生。其益无方。凡益之道。與時偕行。

益與損相對。損者減省也。益歸於上。損歸於下。未免有剝民奉君之象。益者。加增也。益歸于下。損歸於上。即孔子加富加教之意也。民說者。即自損之兌下來。兌爲說。民受其益。必感其恩。故說。下互坤。坤道无疆。坤亦爲民。故曰民說无疆。損下益上。謂之上行。損上益下。故曰自上下下。道者乾道也。損乾之陽。益坤之陰。坤得其益。適以成乾之大。顯乾之光。故曰其道大光。旁通爲恒。恒象亦曰利有攸往。恒之攸往。利在恒久。益之攸往。利在中正。正而且中。是以有慶也。利涉大川。言木者三。益渙中孚是也。皆取巽木。益則震巽皆木。卦體三剛在外。四柔在內。有刳木爲舟之象。乘風而行。蓬蓬然達於北海。蓬蓬然止於南海。斯之謂利涉。斯之謂木道乃行。益動而驕盈。則益即變損。動而巽順。則所益日進。益下者。益坤也。故說无疆。而進亦无疆。乾爲施。坤爲生。四時百物。並受化育。不可以方隅限。故曰其益无方。四時之序。由震而巽。益爲正月之卦。風雷始作。膏澤下降。王者體之以益民。有加無已。道亦如斯。故曰與時偕行。

以此卦擬人事。所謂益者。有益於我爲之益。若於我有益。而於人有損。即不得爲之益。必於我有益。而於人亦无損。斯可爲之益矣。此謂損上益下。要即裒多益寡也。以此理家。因其有餘。從而損之。則損即爲益。因其不足。從而益之。則益不爲損。以此治身。己有未克。力爲損之。是損所當損。禮有未復。力爲益之。是益所當益。得其益而往。則无往而不獲益。即无往而不獲利也。坦途可往。大川亦可往。惟其中正。乃得有慶。木道。謂震巽。凡人之所用。莫不各因其利。陸用以車。水用以舟。人力之无遠弗屆者。即賴此木道而行也。動者。震也。動而日進者。得巽之順也。推之天地之運行。上施下生。一氣鼓鑄。發育無窮。其爲益未可限量。人事。一小天地也。亦惟法夫天地。順時而推行已耳。

以此卦擬國家。卦義以損上益下爲益。正爲有國家者。示一條誡。毋私爾財。毋屯爾膏。毋剝下以奉上。毋足國以貧民。反是謂損。即使有孚而无咎。而損下終非美名。有國家者所當凛凛也。凡民情莫不欲无損而有益。有益則喜。喜則說。益愈宏。說愈衆。所謂自西自東。自南自北。無思不服。其說也。誠有悠久而無疆者矣。蓋益之道。自上及下。說之情。自下感上。上下相孚。即五爻所云有孚惠心者是也。道即乾道。損乾益坤。乃愈見乾道之大而光焉。乾爲健行。震亦爲行。故利有攸往。以斯而往。往无不利。涉川者。利用舟楫。舟楫以木而成。故曰木道。聖人以美利利天下。刳木剡木。應時定制。守約而施博。道濟天下。知周萬物。說卦傳曰。益以興利。此之謂也。人主本惠心。行惠政。省方觀民。百度具舉。歸於有孚。其益无方。有施有生。天道也。地道也。君道也。與時偕行。一而已矣。

通觀此卦。損與益名相反。而用相濟。乾在下。邦國富庶之象。故損下。乾在上。朝廷豐盈之象。故損上。損上不曰損而曰益。厚其本也。益上不曰益而曰損。剝其基也。聖人所以示厚下也。能損則益。此卦所以次損也。損上而益下。即自上而下下。上以益往。下以悅來。上之益得中正也。下之說在有慶也。是上以美利利天下。不期說而民自說焉。說至此。將見說以勞民。民忘其勞。則險難不避。波濤可涉。焉往而不得哉。故利涉大川。益動而巽。震爲動。巽爲順。動而順行。是以日進无疆。其道大光。乾道也。木道乃行。巽道也。亦震道也。乾動而爲施。坤動而爲生。不動不見其益。動則見其益。動无方。益亦无方。觀夫天之道。隨時而動。故其益隨時而行。君子之見善則遷。有過則改。亦隨時而遷。隨時而改。知益之在身者如是。即益之在天下國家者。無不如是。上下互卦爲剝。剝象曰。剝上厚下。其旨與損上益下相同。然剝六爻多凶。而益六爻多吉。所謂因民之所利而利之。有益之惠。無益之病。故與剝上者有異焉。卦與損反。六爻亦與損先後互反。益初大作元吉。即損上之大得志也。益二十朋之龜。即損五之或益之龜也。益三用凶事。即損四之損其疾也。益四遷國。即損三之得友也。益五有孚惠心。即損二之中以爲志也。益上莫益之。即損初之酌損之也。其辭或相因而來。其義或相濟而成。其旨或相反而爲戒。語曰。節用而愛民。使民以時。損者節用。益者愛民。使時即與時偕行之義。道國之要在是焉。

大象曰。風雷益。君子以見善則遷。有過則改。

風雷者。二氣之發行。升降進退周旋以相損益者也。故震上巽下爲恒。象曰雷風恒。巽上震下爲益。象曰風雷益。象以風雷易其位。蓋以風雷相遇。天地之間。上下無常也。以方位言震爲卯。巽爲辰巳。由震而巽。其行也順。故其爲益也宏。君子法之。見人之善則屈己以從。見己有過則返躬自訟。故遷善當如風之速。改過當如雷之勇。謂之見善則遷。有過則改。見有二字。可以見人己之分界。王弼曰。遷善改過。益莫大焉。

(占)問時運。迅雷烈風。正當運途振作之際。改舊換新。在此時也。○問戰征。雷逐風行。正可一鼓而平。○問營商。有利則貿遷。無則改運。宜迅速。不宜遲緩。○問功名。風雷合益。大得志也。○問疾病。是肝木太盛之症。治宜損陽扶陰。○問婚姻。震男巽女。天然配合。○問家宅。此宅防有雷擊風摧之患。完者宜修葺之。朽者宜改作之。○問訟事。返躬自省。怒息氣平。訟事自罷。○問失物。已經遷改變易。不可復得。○問六甲。單月男。双月女。

初九。利用爲大作。元吉。无咎。

象傳曰。元吉无咎。下不厚事也。

大作者。天子巡狩之事。所謂春省耕而補不足。秋省歛而助不給。其他祭告賑貸遷國。皆大作也。震爲作。巽爲利。乾爲大。爲元。坤爲用。爲厚。厚事。即大作。初居內卦之下。事之始也。王者舉大事。建太功。利益計夫恒久。規則定于首圖。故利用爲大作。在初。其事與天下共爲之。其益亦與天下共享之。斯下民樂事趨公。願效子來。不以其事爲上之事。直以其事爲己之事也。故得元吉无咎。象傳以下不厚事釋之。謂不以其事厚重而難爲。乃以其事輕易而樂從。踴躍爭先。吉无咎焉。或云震屬春。巽屬春夏之交。大作者。東作之事。繫辭所云耒耜之利。以敎天下。蓋取諸益。其說亦通。

(占)問時運。好運初交。可以與作大事。无不如意。吉。○問戰征。兵隊初交。即可一戰以成大功。有吉无咎。○問營商。初次營業。資本既厚。經營亦大。可獲大利。且能悠久无咎。○問功名。可望大魁天下。大吉。○問家宅。此宅新造。屋宇寬大。大吉无咎。○問婚姻。大吉。○問訟事。此訟爲公衆大事。非關一己私憤也。无咎。○問行人。在外正當謀事立業。一時未歸。○問六甲。生女。

(占例)明治二十四年。占秋收豐歉。筮得益之觀。

爻辭曰。初九。利用爲大作。元吉无咎。

斷曰。此爻虞氏以大作爲東作。即繫辭謂耒耜之利取諸益。與所占秋收。爻象適合。爻辭曰。利用。曰元吉。曰无咎。知收成必豐无歉。卦名曰益。卦體曰益下。年穀豐登。千倉萬箱。正如彖傳所云。天施地生。其益无方。吉莫大焉。

六二。或益之十朋之龜。弗克違。永貞吉。王用享于帝。吉。

象傳曰。或益之。自外來也。

十朋之龜。解同損五。益二之龜。即損五之龜也。損五以龜奉上。益二即以下所奉者。轉而益上。龜之益人。其靈爽足以世守。非在一時之吉也。故曰永貞吉。二居震之中。當位應巽。震爲帝。爲祭。故曰王用享于帝。王指九五。五用二之朋龜。告享于帝。以乞上祐。吉莫大焉。郊特牲曰。卜郊受命于祖廟。作龜于禰宮。是爲享帝用龜之事。象傳以自外來釋之。以益爲內。損爲外。龜自損來。故謂外來也。」

(占)問時運。主得意外之財。且能世守。永吉。○問戰征。古者行軍先卜。出師必禱。此爻均吉。其戰必克。自外來也。可由外而攻之也。○問營商。貝貨即貨幣也。十。數之盈也。或益之者。疑有神助也。營商得此爻。必獲厚利。永吉。○問功名。古者命相舉賢。皆從枚卜。既得吉兆。其顯可知。故曰永吉。○問疾病。禱之即愈。○問家宅。二至四爲坤。坤爲安。爲土。有安宅之象。坤利永貞。故曰永貞吉。此宅可以久居也。○問婚姻。震巽爲長男長女。卜鳳之兆。自昔稱祥。百年好合。故得永吉。

○問六甲。生男。

(占例)友人某來。請占某富紳家政。筮得益之中孚。

爻辭曰。六二。或益之。十朋之龜。弗克違。永貞吉。王用享于帝。吉。

斷曰。二爻處內履中。體柔當位。卦名曰益。已知伊家內政得當。有益无損也。漢書食貨志云。人用莫如龜。龜者貨貝。十朋之龜。十。盈數。富足之象。或益之者。不知誰爲益之也。象傳曰。自外來也。蓋謂其益有來自外者也。正義謂二居益用謙。物自外來。朋龜獻策。弗能違也。故曰永貞。乃吉。享帝者。謂明靈降福。報告於天也。即損五所謂上祐。上。天也。自天祐之。吉无不利。其在斯乎。今占某富紳家政。得此爻辭。知某富紳家風清正。內政修明。卜之而蓍龜呈祥。禱之而神明錫福。家道之盛。日進日益。蓋有應乎時。得乎天。可大可久。而未有艾也。

六三。益之用凶事。无咎。有孚中行。告公用圭。

象傳曰。益用凶事。固有之也。

六三以陰居陽。處震之極。是動而求益者也。故曰益之。下互坤。坤爲用。爲事。爲死喪。故曰用凶事。益在於三。民信素著。不特處常爲益。即處變亦爲益。蓋益非私己。用適其時。志在拯凶。事得无咎。故曰无咎。三動體家人。家人上爻曰有孚威如。震爲應。誠心相應。有威孚之象。三當內外卦之中。震又爲行。故曰中行有孚。震爲諸侯。又爲告。故曰告公。周禮。珍圭以徵守。以恤凶荒。毛氏西河云。凡王者憂凶之禮。出珍圭以致王命。使恤凶之地。或去其征。或弛其政。此即益下之用凶事者也。圭爲符信。所以示信以通上下之情也。故曰告公用圭。象傳以固有之也釋之。謂益用凶事。在民若第知爲益。而不知爲凶。以爲其事爲固有之也。夫益而至於用凶事。斯眞其益之无方矣。凶事而若固有之。愈見民說之无疆矣。初爻象傳曰下不厚事。意亦相同。

(占)問時運。運途多歉。以其素行誠實。人皆信之。可以无咎。○問戰征。兵本凶事。又陷危地。幸衆軍同心戮力。得奔告大營。獲救出險。无咎。○問功名。先苦後甘。先難後獲。○問營商。諺云欲求富。走險路。○問家宅。此宅多凶。唯有中行之德。

斯能逢凶化吉。○問婚姻。恐從喪服中成親。然无咎也。○問訟事。須訴之上官。乃得准信。罷訟。○問失物。恐涉詞訟。○問六甲。生男。

(占例)友人某來。請占氣運。筮得益之家人。

爻辭曰。六三。益之用凶事。无咎。有孚中行。告公用圭。

斷曰。爻辭曰益用凶事。是能極凶濟危。爲益之至難至急者也。曰有孚中行。告公用圭。是必所益之事。得中行之道。可見信於人。即告諸上官而无不允行也。今足下占氣運。而得此爻。知足下有過於求益之心。一涉私已。咎有難免。幸而志在救凶。素行中正。又能實心辦事。可以无咎。此皆就爻象而論也。近聞足下設立移民會社。於兩亞米利加地方。買收土地。創辦開墾牧畜之業。使無產之徒。各就其業。爻辭所云益用凶事者。蓋指此也。邇來貧民信之。紛紛遷適出外。即爻辭所謂有孚中行也。政府以足下創此拯凶濟危之大業。爲之賞譽嘉獎。即爻辭所謂告公用圭之義也。至四爻曰。從利用爲依遷國。其辭愈明。五爻曰有孚惠心。其德愈新。象傳曰。大得志也。正足下氣運得志之時也。

○明治二十五年。四月。余就任北海道炭礦鐵道會社長。爲巡行鐵道礦山。地當嚴冷。凍雪未消。一時胃寒罹疾。止宿札幌旅店。就札幌病院長獨逸人某診察。發熱超四十度。翌朝約將入院。因之一筮。得益之家人。

爻辭曰。六三。益之用凶事。无咎。有孚中行。告公用圭。

斷曰。此卦名曰益。益之爲言增也。於病亦然。爻曰益之用凶事。在病恐愈增凶也。至翌日則當四爻。四爻有利用遷國之辭。余篤易占。決計力疾發程。遂告病院長。請給藥劑。院長止之。不聽。即夜自小樽搭汽船。翌朝着函館。忽得札幌來電。報昨夜札幌市中失火。余所止宿旅店。已被回祿。乃知易機所云。有不在病。而在火者。其神妙誠不可測也。時札幌新聞社所論。謂余舉動。有預知有火而去者。然余因病而占。就病論病。第知爲凶。猶幸无咎。故得力疾而行。並未嘗推測火災。今災後推繹。乃知變卦爲離。離爲火也。

六四。中行告公從。利用爲依遷國。

象傳曰。告公從。以益志也。

四居巽之始。與初相應。與三相比。初曰利用。故四亦曰利用。初曰爲大作。四之遷國。即大作之事也。三曰中行。曰告公。故四亦曰中行告公。三四皆當內外卦之中。故皆爲中行。告指三。公指四。以四爲益主爻。三欲益下。恐四阻之。是以告於四也。公從者。四從之也。上互艮。艮爲社稷。下互坤。坤爲國邑。震爲奔走。巽爲進退。皆有播遷之象。故曰遷國。卦體本爲乾坤否。否五爻曰。其亡。其亡。繫于苞桑。有國難之憂焉。否象傳曰。儉德辟難。有遷避之意焉。否變而爲益。故利用遷國。左傳隱五年。傳曰。我國之東遷。晉鄭焉依。盤庚曰。視民利用遷。皆以遷爲益者也。象傳以益志釋之。謂四從而遷之。四之志。唯在益下也。按震爲東方。巽爲東南。易當殷周之際。遷國者。指古公遷岐而言。岐屬殷西南。爲坤方。是明證也。

(占)問時運。目下有難。宜擇善地暫避。○問戰征。宜退兵移營。急請救援。○問營商。宜禀告店主。改遷別地。另開市面。○問家宅。宜遷居。○問功名。不成。須改就別業。○問婚姻。須別尋媒妁。○問失物。不得。○問六甲。生女。

(占例)友人來請占某貴顯氣運。筮得益之无妄。

爻辭曰。六四。中行告公。從。利用爲依遷國。

斷曰。卦象爲損上益下。爻象爲動衆遷國。某貴顯身任當道。爲國爲民。正合此象。我國寰海平定。固無盤庚遷殷。古公遷岐之事。唯近來爲開拓北海道地面。使內民移住。

天皇陛下議。就北海道。建築行宮。爲避暑計。爻辭所云利用遷國。意者其在此乎。且聞移民之議。某貴顯實主其事。爻所云中行告公。謂某貴顯秉中行之德。創利用之謀。進告於。

天皇。得以允從而行也。此爲國家開化之盛業。即可卜貴顯運命之盛行也已。

友人大喜曰。爻辭精切的當。誠吉事之占也。當速回告某貴顯。匆匆辭去。

九五。有孚惠心。勿問元吉。有孚惠我德。

象傳曰。有孚惠心。勿問之矣。惠我德。大得志也。

五爻剛健中正。得位居尊。爲益之主。以惠爲益。其益愈大。以心行惠。其惠愈宏。是以實心行實惠。心無盡。惠亦無盡。故謂有孚惠心。自初爻以來。凡巡狩祭告賑災遷國。無一非惠民之事。即無一非惠民之心。所謂乾元以美利利天下者。即此心也。事之益。其吉待問。心之惠。其吉不待問矣。故謂之勿問元吉。信惠之施於下者。在我爲心。下之受此信惠者。目之爲德。九五得坤氣。坤爲我。故謂之有孚惠我德。問。問卜也。古者舉大事。必卜之。以決吉凶。以惠行政。勿疑何卜。元吉。即從初爻元吉无咎來。上以孚惠下。下即以孚德上。下上交孚。下益而上亦受其益也。象傳以大得志釋之。謂本此惠心。行此惠政。天下皆受我德惠。而中心誠服。正可得志而有爲也。故曰大得志也。

(占)問時運。心好無歹運。以仁存心。事無不吉。不待問也。○問營商。以義爲利。誠實相交。利益與共。以此爲商。利益廣矣。○問功名。實至名歸。大吉。○問戰征罰

必信賞必公戰無不克大吉○問家宅此爲仁里德門勿問而知爲善人之室也大吉○問婚姻非親即友必是舊交勿問元吉○問六甲生女

(占例)友人某來曰欲以某氏子爲養嗣占前途吉凶筮得益之頤

爻辭曰九五有孚惠心勿問元吉有孚惠我德

斷曰九五坎爻坎爲孚爲心爲美亦爲後故爻辭曰有孚惠心美即吉也爲後者適合足下養嗣之占也卦以損上益下爲益就養嗣論益在損父益子有孚惠心是父以誠實之心受惠于子子必樂爲其子不待問而知其吉也子既受父之惠當必有以報父之德將承父之業繼父之緒必與父之宗故曰有孚惠我德詩所云爲他人子爲他人子可不必咏也

○明治二十八年占我國與清國交際筮得益之頤

爻辭曰九五有孚惠心勿問元吉有孚惠我德

斷曰此卦內卦爲雷其性動外卦爲風其性順內卦屬我外卦屬清即可見兩國之動靜矣卦名曰益知兩國必互受其益爻居九五應在六二二內五外亦

當以二屬我以五屬清。二爻曰。或益之。十朋之龜。弗克違。永貞吉。在我國得此十朋之益者。即清之償欵是也。永貞吉者。謂其吉不徒在一時也。五爻曰。有孚惠心。勿問元吉。有孚惠我德。謂清與我國。從此議和以後。兩心相孚。惠澤旁流。各以誠心相待。不問而知其元吉。清有惠及我。我亦德報清。清之益。即我之益。所謂唇齒相依者也。論歐洲各國。虎視眈眈。唯圖損清而益已。或侵其地。或奪其利。在清固守舊政。不知改圖。其爲外邦所損削者。亦不知凡幾矣。而我與清幅員相鄰。交好素密。固與外邦不同。當思有利共享。有益共受。以共保此東海之國也。象傳曰。大得志也。知兩國信惠交孚。必當得志而行。大有振作之爲。斯不爲歐西各國所輕視也。

上九。莫益之。或擊之。立心勿恒。凶。

象傳曰。莫益之。偏辭也。或擊之。自外來也。

上九。陽剛居外卦之極。是求益而過甚者也。太過則變。變則不爲益而爲擊矣。

聖人觀象設卦。以損上益下爲益。其心本偏在厚下。至上九。爲上之益下者已多。轉而責下之益上。非特莫益之。夫且或擊之。或者衆而未定之辭。上動體爲屯。屯其膏。即莫益之謂也。反卦損。損上爲艮。艮爲手。故稱擊也。巽爲進退。爲不果。是无恒也。上動爲坎。坎爲心。本以益下之心。易而爲益上之心。是无恒也。旁通爲恒。恒上曰。振恒凶。振恒致敗于垂成。无恒不可以持久。故皆凶也。象傳所云偏辭者。謂其心之偏而不公也。外來者。謂其擊之出於意外也。

(占)問時運。好運已退。貪心過甚。防有意外之禍。○問戰征。不待添兵加餉。即可進擊。○問營商。專求利己。所謂不奪不饜。必啓爭端。凶。○問功名。奪人之功以爲名。其名必不久也。凶。○問家宅。此宅地位太高。有害無利。不可久居。○問婚姻。恐不能偕老。○問訟事。訟事无恒。轉凶爲吉。○問行人。防中途有盜刧之患。凶。○問失物。或已打破。不可得也。○問六甲。生女。

(占例)友人某來。請占氣運。筮得益之屯。

爻辭曰。上九。莫益之。或擊之。立心勿恒。凶。

斷曰。卦名曰益。本有大得利益之象。今占得上爻。上爻居益之極。物極則變。恐非特無益。且有損傷之患。爻辭曰。莫益之。是无益也。曰或擊之。是被傷也。曰立心无恒。謂人心不測。反手爲雨。覆手爲雲。防有意外之變也。終之曰凶。明言其占之不吉也。爻象如是。足下當有戒焉。友人聞之。頗爲心憂。後據所聞。此友一日至某家。商借千金。適某家藏金無多。僅假得五百圓。懷之而歸。途過某友家。告以其故。曰今因商用要欵。約需千圓。頃向某氏貸得其半。復欲向君假取。以足其數。此友即以囊乏之餘金婉辭。不知此友近遭破落。知其携有巨金。忽生不良。伺其歸途。乘間要擊。奪其金而去。某氏失金。又被重傷。日後此友就縛。始知奪金者。即爲此友。倍感易理先示其兆也。

〇明治二十六年某月。受親友雨宮敬次郎之囑。占銀貨漲落之結局。筮得益之屯。

爻辭曰。上九。莫益之。或擊之。立心勿恒。凶。

斷曰。此卦下卦爲震。震爲元黃。上卦爲巽。巽爲白色。白色銀。黃色金也。卦象巽上震下。是爲銀高金落。可知銀之出產。多量於金也。爻辭曰。莫益之。或擊之。立心勿恒。凶。莫益之者。爲價不再漲。或擊之者。謂價必損減。或者。將然之辭。勿恒者。謂時價無定也。上爻變而爲屯。屯者。難也。銀貨下落。市面皆受困難。必待出益入夬。夬者決也。將決去其弊。使銀貨時價。再得復舊也。若第以紙幣充行。恐未可永久繼續也。

䷪ 澤天夬

序卦傳曰。益而不已必決。故受之以夬。夬者決也。夫物未有增益盈滿。而不潰決者。夬所以繼益也。夬與剝反。剝以五陰剝一陽。陽幾於盡。剝者。削也。其心險。故其剝也深而刻。夬以五陽決一陰。陰幾於盡。夬者。決也。其氣剛。故其決公而明。卦體乾下兌上。澤在天上。有決而欲下之勢。故名其卦曰夬。

夬揚于王庭。孚號有厲。吉。告自邑。不利即戎。利有攸往。

夬。五陽方長。孤陰垂盡。兌在乾上。是一陰處羣陽之上。其勢足以壓制羣陽。羣陽雖盛。不敢以造次求夬。乾爲王。兌爲口。揚于王庭。是聲明小人之奸狀。宣揚於王庭之上。孚號者五剛合志。衆口同聲。呼號其侶。以決一陰。有厲者。譬如履虎咥人。時切危懼。故厲。兌二動爲震。震爲告。兌上本坤。坤爲邑。告邑。告坤也。坤勢至兌已孤。告坤者欲其一變從乾。去邪就正。歸爲君子。若恃此一陰。與五陽相抗則疑陽必戰。其血玄黃。不利孰甚焉。故曰不利即戎。乾爲健行。乾陽剛直。不爲難阻。剛德日進。斯陰邪日退。故曰利有攸往。

彖傳曰。夬決也。剛決柔也。健而說。決而和。揚于王庭。柔乘五剛也。孚號有厲。其危則光也。告自邑。不利即戎。所尚乃窮也。利有攸往。剛長乃終也。

兌澤乾天。兌爲附決。決之文。从夬。故夬取義于決。一柔五剛。合而爲夬。是謂之剛決柔也。乾健巽說。乾健而決。巽說而和。是謂之決而說。五陽在下。以下夬上。不明其罪。不足以正其辜。故必聲罪致討。顯然揚布於君廷。以示公正而无私曲也。孚者。信也。號者。號令也。厲者。危也。秉乾之信。召號羣陽。共力一決。夬履易位。履五曰夬履貞厲。謂懷此危厲。乃能履之而不疚。履彖曰。光明也。故夬彖曰其危則光也。告。告誡也。陰居上位。必有采地。邑。即陰之邑也。告自邑。謂戒之用勸。使之自退。告而不退。則董之用威。必將羣起而攻之。是即戎也。以一抵五。勢必不利。尚。加也。謂陰雖加于五陽之上。至此而陰乃窮矣。不利在陰。利在于陽。陽剛齊進。以夬一陰。是去惡務盡。往何不利。柔消剛長。故曰剛長乃終也。蓋君子之去小人。深慮熟計。不敢輕用其夬。必先告以文德。不得已而後出以武功。視小人之害君子。殘忍苛刻。其用心適不同也。

以此卦擬人事。陽正而陰邪。剛直而柔曲。人事與國事。雖分大小。而害則一也。一在治家。奸邪固足兆禍。無論羣邪競進。其家必亡。即或間容一奸。似可無害。不知遺孽之萌。由此漸滋。其終遂致蔓延而不可去。一在交友。便僻固足招損。無論朋比皆奸。其隙必深。即或偶與往來。亦嘗思避。不知既入其黨。因之墮名。其終必至牽連而不可解。譬如羣鳥之中。畜一鸇。而羣鳥皆被其噬。譬如百穀之中。留一秕。而百穀咸受其害。君子處此。不敢以邪勢之孤。而寬意容之。亦不敢以邪勢之孤。而輕心除之。必爲之聲明其罪。宣告大衆。照示信義。號召群陽。其事雖危。其道乃光。而猶不欲急切用猛。有失忠厚之道。故必就其家而告之。

詔以去邪歸正。勿終迷復。如其不從。則興衆用强。勢所不免。然不利在彼。而利終在我。一陰勢衰。衆陽力盛。所往故无不利也。去惡如去草。務絕其根。不使復萌。一陰雖微。務盡夬之。斯陰盡滅。而陽得盡長矣。如是而夬之事乃終。法此卦義以處人事。斯陰消而家道正。邪去而交道善。凡起居動靜。一以崇正黜邪爲主。而人事全矣。

以此卦擬國家。就卦體而言。五陽爲五君子。秉乾陽之德。剛方中正。羣賢在位。不可謂非國家之福也。獨惜首居上位者。爲陰險奸邪之小人。如漢獻帝朝之有曹操。宋高宗時之有秦檜。方其初。在奸臣亦嘗屈己下賢。羅致羣材。以收人望。而在正人君子。必不受其牢籠。務欲剷除姦惡。以淸朝政。或奏牘以辨奸。或奉詔以除亂。詎謀不密。反致斥爲罪臣。目爲朋黨。古來忠臣傑士。由茲罹禍者不乏其人。是皆未詳審夫夬卦之義也。夬之卦體上兌下乾。五陽在下。一陰在上。夬之卦義。合此五陽。以夬一陰。象爲澤上於天。夬意將決此天上之水。使至下流。夬之不愼。勢必洪水滔天。則一陰未去。五陽反被其害矣。彖傳所稱剛者陽也。柔者陰也。健而說。健而不專用其健也。夬而和。決而不遽施其決也。其審愼周詳爲何如乎。揚于王庭。所謂聲罪致討也。孚號有厲。所謂夕惕有厲也。其深慮熟計爲何如乎。然猶不欲直行力爭也。嫉惡縱嚴。而勸善猶殷。必先進而告之曰。驩兜共工。聖世必流。惡來飛廉。盛朝見戮。毋恃高爵。宜早投誠。從則復其官。不從戮于社。利與不利。請自擇焉。蓋所謂告自邑。不利即戎。尚乃窮也。吾儕同志。黜邪崇正。以光朝政。以肅官方。志在必往。以終乃事。是所謂利有攸往。剛長乃終也。自來小人之害君子也。窮凶極惡。無所不至。而君子之待小人也。每以姑息寬容。反受其禍。彖傳所云剛長乃終者。以示後世除惡務盡之道也。觀六爻無一吉辭。多以凶咎爲戒。所以痛絕小人。亦即以申警君子。履之一陰。目之爲虎。蓋君子之防小人。無異防虎也。不則即爲所咥矣。彖所謂健而說。夬而和。夬陰之旨。在其斯乎。

通觀此卦。五陽一陰之卦凡四。履夬姤小畜是也。姤小畜。一陰屬巽。夬履一陰屬兌。履一陰在三。小畜一陰在四。是小人處君子之間。姤一陰在下。是初進之小人也。其勢本孤。其力皆微。夬則一陰在上。是小人居高臨下。足以壓制羣剛。未可輕用力夬者也。故彖言健。言決。言揚。言號。言告。言往。皆示以必夬之意。言說。言和。言厲。言危。言不利。皆惕以用夬之懼。大壯之戒用壯。夬之戒用決。其旨同也。若藐視孤陰。恃羣陽之盛勢。而造次求決。此私智自雄。非觀變時中之道。古來黨禍。可爲前鑒。六爻之辭。多與彖傳相表裏。初戒以不勝。二惕以有戎。三警以有凶。內三爻爲乾。乾健也。健所以宜進於說也。四曰濡有慍。五曰夬无咎。上曰不可長。外三爻屬兌。兌和也。和乃可以用夬也。在五陽乘剛決柔。是以盛決衰。以强決弱。宜若易易。而易辭諄諄垂誡。不勝危懼。蓋謂君子易消。小人難退。由來已久。夬之一陰。決之未盡。姤之一陰。即生於下。陰陽消長。不能與造物爭。而因時保護。唯存乎其人而已。

大象曰。澤上於天。夬。君子以施祿及下。居德則忌。

兌爲澤之氣。上天則化雨而下降。有夬之象。故曰澤上於天。夬。君子法此象。取上之富貴德澤。施之於下。故曰施祿及下。祿之及下。猶天之澤於萬物也。下之待祿。猶萬物之待澤於天也。君子與賢者。共治天職。共食天祿。未甞以德自居。若居德自私。靳而不施。失夬決之義。故曰居德則忌。忌。禁忌也。凡行惠施恩之事。喜決而忌居。乘危構怨之事。喜居而忌決。是尤聖人言外之意也。

(占)問時運。目下氣運强盛。財宜散。不宜聚。聚則有禍。○問戰征。賞要明。罰要公。切勿誇張自伐。尅減軍糧。○問營商。獲利頗厚。但利己利人。分財宜均。若靳而不施。必致衆嫉。○問功名。澤上於天。有居高位之象。盈滿致損。所當自警。○問家宅。澤在於天。防有水溢之患。○問婚姻。夬有決絕之義。且夬反爲姤。姤曰勿娶女。此婚不成。○問訟事。夬者決也。有斷之義。一斷便可了訟。○問六甲。生男。」

初九。壯于前趾。往不勝。爲咎。

象傳曰。不勝而往。咎也。

初九居卦之下。爲夬之始。是率先而用夬者也。故曰壯于前趾。壯趾之辭。與大壯初爻同。所謂前者。較大壯尤長一陽也。夫以最下之陽。往而決最上之陰。上下懸殊。其不勝也必矣。若其徑情直往。不特無濟於事。反以招咎。亦何取其往乎。爻辭爲初當觀變待時。量力而進。毋以躁妄速禍也。象傳以不勝而往。釋之。謂於未往之先。而已知其不勝也。較爻辭而益激切矣。

(占)問時運。負氣太盛。任意妄動。動必得咎。○問戰征。將微位卑。恃勇直前。必致敗北。咎由自取也。○問營商。不度地位。不審機宜。率意販貨前往。不特傷財。更防損命。宜愼宜戒。○問功名。躁進取敗。○問婚姻。門戶不當。不合。合則有咎。○問家宅。此宅地勢低下。遷居不利。○問行人。宜即歸。可以免咎。○問失物。不必往尋。尋之反有餘禍。○問訟事。宜即罷訟。○問六甲。生男。

(占例)豐島某來曰。余近有所謀。請占其成否。筮得夬之大過。

爻辭曰。初九。壯于前趾。往不勝。爲咎。

斷曰。夬者決也。卦義在用剛決柔。初爻之辭。謂不勝爲咎。是謂不可率爾前往也。今足下謀事。卜得初爻。就卦位言。初居最下。就爻辭論。往必不勝。想足下所

心一堂術數古籍珍本叢刊 占筮類

謀之事。地位必高。非易攀及。雖與足下同志者尙不乏人。而足下獨欲奮身前進。不自量力。不特其謀難成。反致招咎。足下宜從緩圖之。後某不從占斷。遽往謀事。果招其辱。

九二。惕號。莫夜有戎勿恤。

象傳曰。有戎勿恤。得中道也。

二居乾卦之中。得乾夕惕之義。故曰惕號莫夜。惕號者。內凜警惕。而外嚴號令也。即象傳所云孚號有厲之旨。莫夜者。凡陰爻皆屬坤象。坤爲夜。況寇盜竊發。乘其不備。多在昏暮。故嚴密周防。莫夜尤宜加警。二動體爲離。離爲戈兵。故曰有戎。勿恤者。九二爲坎爻。坎爲恤。坎得正。故勿恤。有戎勿恤。謂有備無患也。象傳以得中道釋之。二居乾之中。謂有戎勿恤者。能得大哉乾元。剛健中正之道也。

(占)問時運。目下運途中正。事事謹愼。即有意外之事。皆可坦白无患。○問戰征。

軍事最患夜襲。宜時作警備。可以無憂。○問營商。販運貨物。盜警水火。總宜保險。使可无慮。○問家宅。此宅陽剛過盛。二爻動而變離。火災宜防。莫夜更當小心。○問婚姻。婚字从女。从昏。故稱昏禮。有暮夜之象。詩云。弋鳧與雁。弋有戎象。勿恤。即有喜也。婚姻吉。○問訟事。即可斷結无憂。○問疾病。日輕夜重。是陰虛火盛之症。當愼意調治。可以无患。○問六甲。生男。

(占例)某豪商家甲幹某來曰。僕爲商用旅行。暫以店事。托友代理。不料彼等通同舞弊。擅支餘金。又復僞擡貨價。捏造虛帳。余近已得悉奸狀。意將摘發其私。以正其罪。抑將隱瞞其跡。以了其事乎。二者若何。請爲一占。筮得夬之革。

爻辭曰。九二。惕號。莫夜有戎。勿恤。

斷曰。夬者以剛決柔。爲決去小人之卦也。上爻一陰。是奸惡之渠魁也。五陽在下。合志去讒。彖傳曰孚號有厲。謂明信發號。而不勝危厲。奸惡之難除如是。今足下占得二爻。辭曰。惕號。莫夜有戎。勿恤。凡作僞舞弊。皆爲陰謀。陰爲夜。且鼠竊之徒。晝伏夜行。其象亦爲莫夜。而因事防維。亦要在莫夜之間。號惕者。爲警惕申令。如防盜然。終夜擊柝也。兌爲口惟口興戎。足下若過於嚴詰。彼等皆爲窮寇。小則口舌。大則用武。在所不免。足下理直辭當。彼即用武。亦無憂也。故曰勿恤。至夬卦全義。雖在夬去小人。而象稱健而說。夬而和。是夬之中。亦不失忠厚之意。足下其審度行之。某甲斡聞而大感。悉從予占。其事乃得平和而了。

九三。壯于頄。有凶。君子夬夬。獨行遇雨。若濡有慍。无咎。

象傳曰。君子夬夬。終无咎也。

頄者。面顴也。三爻居乾卦之極。過剛不中。極夬卦大象。大率與大壯相似。故初與三皆稱壯。壯者。剛壯也。壯于頄者。是剛怒之威。先見於面也。凡謀遂奸臣。最宜深計密慮。不動聲色。若事未舉而怒先形。則機事不密。災必及身。故曰有凶。夬三之君子。即乾三也。乾曰乾乾。故夬亦稱夬夬。謂夬之又夬也。夬陰者。五陽而三獨與上應。乾爲行。故曰獨行。兌爲雨。夬反則爲姤。姤爲遇。故曰遇雨。兌澤在上。有降雨之象。三獨行前進。有遇雨之象。濡。濡滯也。獨行遇雨。而若有濡滯焉。慍。即詩所謂慍于羣小。故曰有慍。然君子志在祛邪。雖與上應。實與上敵。即濡滯而必進。雖有慍而无咎。象傳以終无咎釋之。謂无咎即從乾三來。陽盈於三。當上下之交。其地本危。君子夬夬獨行。雖若濡有慍。有危心无危地也。故終得无咎焉。

(占)問時運。目下運得其正。但陽氣過盛。率意獨行。未免被人疑忌。然幸可无咎。○問戰征。孤軍獨入。防中途遇水。有阻。然亦无咎。○問營商。孤客獨行。雖得无咎。恐遇雨有阻。濡滯時日。○問功名。孤芳獨賞。恐遭小人所忌。○問家宅。此屋門面壯麗。棟上恐有滲漏。致被濡濕。急宜修葺。无咎。○問婚姻。爻辭曰獨。一時未得佳耦。○問疾病。面上浮腫。必是濕熱之氣上冲所致。醫治无咎。○問六甲。生男。

(占例)明治二十二年某月。占印幡沼開鑿。

按關東沃野。爲常總武野。皆自利根戸田兩川。流出之泥土。連絡安房國。故上總下總之國。即爲上洲砂下洲砂也。乃知關東居民。均沾利根戸田兩川之利。兩川中以利根爲大。其水常注下總銚子港。流出之泥沙。歸入大海。善識地利者。深爲國家惜之。若能開鑿印幡沼。疏通檢見川。導此流出泥沙。歸蓄於東京灣上。積日累歲。便可漲成一片沃壤。使上總下總之間。又可添出中總。與古來天明度田沼玄蕃頭天保度水野越前守等。同此利益也。在開鑿之地。中有一種稱爲硅藻土。試以此土。和水攪之。半浮半沈。土無膏粘。用之堤防。立見崩壞。唯積其土於兩岸。以重物鎭壓之。地底泥土。爲之突出。斯得堅固。約計開鑿之地。凡四里。自印幡沼。至大和田一里半。皆平坦。間有一二丈高低而已。至在山間之地。當築三丈之堤。其上設置二十馬力之喞筒。二十臺。以此喞筒。一晝夜可注入開方五萬步之水於堤中。儼如山中蓄一大湖。取水力所到。衝過花山觀音山之下。其山下所蓄硅藻土。每日被水冲擊。約可流出二萬步之砂土。以一晝夜水力。可代數萬人之勞力也。隨蓄隨流。凡經一年。左右之山土流空。可變成利根一樣之川底。觀橫須賀船渠所用小喞筒。一時能浚乾船渠之水。知喞筒之功力爲甚大矣。至山平地成之日。除去山間之堤。自大和田至印旛沼。又成一方安居樂土。在布施新田之間。當度地作堰。塞堵利根川上流。使其水流入東京灣。或云移利根川於東京灣。有患利根川下流。水勢減少。殊失通船之便。謂宜豫設善策。不知銚子港。地勢最平。南沿犬吠岬之暗礁。北帶常陸原之沙漠。流入于海。至利根川。一經大水。口狹而水不得出。每逆流而激入霞浦北浦。凡沿湖田圃。被水所淹。其害甚鉅。得此開鑿竣功。不啻免此災害。可新得數萬町步之膏腴。今請一占。以決成否。如何。筮得夬之兌。

爻辭曰。九三。壯于頄。有凶。君子夬夬。獨行遇雨。若濡有慍。无咎。

斷曰。澤爲受水之地。以卑下爲用。象傳曰。澤上於天。是洪水。滔天。其勢甚凶。故卦以夬去爲義。謂之夬者。決也。決字从水。从夬。明是決水之象。與所問開鑿印旛沼水。其象適合。茲占得三爻。爻辭曰壯于頄。有凶。君子夬夬。獨行遇雨。若濡有慍。无咎頄爲頭面。是高處也。譬言水勢壯盛于上。一經泛決。其勢甚凶。故曰有凶。君子者。指此創鑿之人。夬夬者。謂其功非一夬能了也。獨行遇雨者。議夬者因多同志。以三爲首創。故曰獨行。水之下流。一如雨之下降。故曰遇雨。若濡有慍者。治水一夬。勢必洶湧直下。凡所就近村居。或有稍被掩沒者。未免有慍恨之意。故曰若濡有慍。諺云。謀大事者不記小怨。成大功者不顧小害。此沼鑿成。其利及數十萬民。其功垂千百年。故象傳曰。終无咎也。凡興一利必有一弊。象曰終无咎。可知此事。有利有弊。得以永終。利莫大焉。

九四。臀无膚。其行次且。牽羊悔亡。聞言不信。

象傳曰。其行次且。位不當也。聞言不信。聰不明也。

夬與姤反對。姤四臀无膚。其行次且。夬之四。即爲姤之三。故其辭同。四體坎。坎爲臀。故有臀象。易例陽爲脊。陰爲膚。四本陰位。故无膚。且夬旁通剝。剝四曰剝牀以膚。无膚。則剝之已盡矣。夬四出乾入兌。與上同體。不無瞻徇之意。故其行次且。欲行而復退也。兌爲羊。羊善決。四亦羊之一。能牽率羣羊以行。則悔可亡。朱子曰。牽羊者當前則不進。縱之使前。而隨其後。則可行。四隨九五之後。可以牽之使進也。聞言不信。言即象傳孚號之辭。一時聲罪致討。大言疾呼。天下莫不聞知。四首鼠兩端。其行次且。四非不聞其言。特以疑信不定。故欲進復止。尙得謂有耳能聽乎。象傳以次且釋位不當。謂四以陽居陰位。剛爲陰掩。故曰不當位也。不信釋聰不明。謂四居兌首。與上相比。故曰聰不明也。

(占)問時運。目下運途不當。作事顚倒。精神不安。所謀難成。○問營商。心無主見。故販售貨物。每失機宜。獲利殊難。○問功名。次且者。不進之狀。焉得成名。○問戰征。臀无膚。是見傷也。行次且。是欲退也。聞言不信。是號令不行也。以此行軍。何能決勝乎。○問疾病。剝膚之災。其疥癩之患乎。防潰爛及耳。致兩耳失聰。○問家宅。此宅屋後無餘地。屋前行路迂斜。爲羊腸小徑。居者尙无災悔。○問婚姻。始則躊躇不決。久之得以牽羊成禮。○問訟事。防有杖笞之災。○問行人。一時不歸。○問六甲。生女。

(占例)元老院議官。西村貞陽。前神奈川縣令井關盛艮兩氏。偕一商人來訪。兩氏指商人曰。此爲橫濱洋銀仲買。雨宮啓次郎也。此友近以洋銀時價。博取十五萬圓。獲此巨金。意欲謀度此後基業。與余偕來。請求一筮。以決之。筮得夬之需。

爻辭曰。九四。臀无膚。其行次且。牽羊悔亡。聞言不信。

斷曰。足下以一博。賺得十五萬金。可謂大幸。足下欲定後來基業。問諸易占。余有一策。先爲足下告之。山梨縣。爲足下父母之鄉也。縣下有富士川。川路淺狹。不能運載重物。若陸道通橫濱東京。其路險惡。行道苦之。足下能將此巨金。首創一大利益。自山梨八王子通。以達東京。開鑿馬車鐵道。縣下富紳。亦必聞風興起。則一舉可以成業。將合山梨長野·兩縣人民。開一公行之便道。可以一日而達東京。其利益爲何如乎。在足下以此十五萬金。每年亦得沾五朱利潤。約計一年可得七千五百圓。擬之華族之世祿。不多讓也。今占得夬之四爻。辭曰臀无膚。其行次且。牽羊悔亡。聞言不信。臀无膚者。臀在人身下體。无膚。皮傷也。知足下早年氣運不佳。不免有剝膚之患。今去皮而得肉。肉肥滿也。爲目下得巨金之象。其行次且者。爲足下既得巨金。籌謀不決。行止未定。是來卜之本意也。牽羊悔亡者。兌爲羊。亦爲金。牽。牽率也。言足下得巨金。就山梨縣下。創設馬車鐵道。牽率諸豪商。共成此舉。羊之義亦通祥。夬易位爲履。履二曰。履道坦坦履上曰。視履考祥。其斯之謂與。既曰其祥。悔自亡矣。聞言不信者。言即余之所言也。不信。謂足下疑而不能從也。就夬卦義言。夬者。亦爲夬去險惡而成坦夷也。雨宮氏聞之。唯唯而去。閱十四日。又來曰。過日受教。實銘心肺。不意歸途。遇同商某。勸余乘此盛運。再博一籌。遂致大耗。喪其過半。後果再得巨利。必從君命。余曰。噫。已矣。爻象所示。至此益驗。臀无膚。謂足下有切近之災。終不獲安坐而享福也。其行次且。聞言不信。與足下行爲深切著明。不待解而曉然也。牽羊悔亡。爲足下此後當牢牽此羊。毋萌貪念。否則此羊。亦遂亡矣。人生得失。自有定數。易道先知。不可强也。

九五。莧陸夬夬。中行无咎。

象傳曰。中行无咎。中未光也。

莧陸之說。馬鄭王。皆云莧陸。一名商陸。宋衷以莧爲莧菜。陸爲商陸。分作兩物。本義從之。虞氏易作莧睦。以莧爲笑。以陸爲睦。諸說紛如。各有偏解。按說文。莧。山羊細角者。胡官切。音桓。莧字从廾。象羊角。不从艸。夬全卦。是兌。皆有羊象。羊性善決。五動體大壯。夬之爻象。多與大壯相同。大壯五曰喪羊。故夬五取象山羊。古稱皐陶決獄。有疑罪者。令羊觸之。羊能夬邪。是其明證。四曰牽羊。羊指五。四在其後。而牽之也。夬夬者。四五同卦。牽引並進。故曰夬夬。五居兌卦之中。下承乾來。乾爲行。故稱中行。五陽至五而盡。上爻一陰。與五比近。最易惑聽。必待夬而又夬。始得去讒遠佞。廓清王庭。中行者。中道而行。示無偏曲。不爲已甚。象傳以中未光也釋之。謂五始近小人。繼能聯合羣陽。決而去之。雖不失中。而於光明之體。終未盡顯。故曰中未光也。

(占)問時運。運得中正。萬事无咎。○問戰征。五爲卦主。是主將也。率諸軍以齊進。中行者。就大道而行。故得无咎。○問營商。夬。決去也。爻當五位。時令將過。貨物宜決計速售。斯可无咎。否則有悔。○問功名。五爲尊位。其名必顯。唯宜遠小人。

近君子。斯可无咎。○問家宅。此宅蔓草叢生。幾成荒廢。當速剪除盡淨。居住无咎。○問婚姻。五與二應。五居兌中。二居乾中。陰陽相合。羊取義於祥。有吉祥之兆。故无咎。○問疾病。五以陽居陽。陽氣過盛。宜調劑得中。可以无咎。○問訟事。以正決邪。決去務盡。不使復萌。訟乃得吉。○問六甲。生女。

(占例)某華族家令。來請占其老主人氣運。筮得夬之大壯。

爻辭曰。九五。莧陸夬夬。中行无咎。

斷曰。五爻與上爻。一陰相比。羣陽在下。協力並進。決去小人。以清君側。故名卦曰夬。貴主翁向有癇癖。維新以來。隱居別邸。遺棄故舊。狎比小人。以致家業日索。人所共知也。今占得夬五爻。夬之爲義。以剛決柔。莧草柔弱。易生易長。夬之不盡。漸復滋萌。是以夬而又夬。務使剪根滅種。然不得中行之道。不足以服邪。亦不足以去害。唯其中行。故得无咎。五爲卦主。正合貴主翁之象。務勸貴主人。遠小人。親君子。家道乃正。氣運亦盛矣。

上六。无號。終有凶。

象傳曰。无號之凶。終不可長也。

號者。即象之孚號。二之惕號也。至上則卦已終。夬已盡。謂小人之道已消。可以无號矣。不知无號。則小人之罪名不彰。小人之奸謀。亦將復起。夬於此終。姤即於此始。故曰終有凶也。象傳申之曰。无號之凶。終不可長。姤夬相反。姤上一陽。喜君子之猶存。夬上一陰。慮小人之復盛。陰陽消長。本相倚復。明无號之凶。姤之始。即伏於夬之終。故曰終不可長也。

(占)問時運。正運已退。更宜警惕。斯可免凶。○問戰征。軍事將畢。餘孽猶在。所當重申號令。警嚴戒備。始得廓清。若偷安忘備。終必有凶。○問營商。上爲卦之終。是貨物脫售將盡。當重申後約。斯商業得以繼續。无號爲无商業名目。其業必凶。○問功名。无號。爲聲名滅絕之象。凶。○問家宅。凡一宅之中。或書聲。或歌聲。或笑語聲。以至雞鳴狗吠。皆有聲也。无號。則寂滅無聞。其家必凶。○問疾病。是陽盡陰息之症。痛痒不覺。叫號無聲。其病危矣。凶。○問婚姻。媒妁無言。不成。○問訟事。寃莫能伸。訟不得直。凶。○問行人。未通音問。凶。○問六甲。生女。

（占例）一日外務書記官。北澤正誠君來訪。曰余同藩士佐久間象山先生。當世有志之士也。夙講洋學。旁說易理。余嘗遊其門。屢聞先生講說。會長藩吉田松蔭氏。私謀出洋。先生大贊其志。賦詩贈之。及松蔭事發。先生被議。幽閉江戶。未幾得免。時長侯薩侯。皆慕先生名。遣使招聘。先生皆不應。其後一橋公重禮來招。先生乃應命。余曰。先生嗜易。此行請爲一筮。先生曰。今四夷內侵。國步艱難。士應將軍之召。榮譽莫大。出而有爲。出在此時。奚用卜爲。余復强之。先生乃揲筮占之。得夬之乾。先生曰。此卦凶象。然既應使命。不復猶豫。唯愼而已。携裝將發。若不得馬。適木曾氏有一馬來售。先生知爲駿馬。高價購之。呼其名曰都路。蓋取乘而上都之義。先生過大垣。寓於舊友小原仁兵衞氏邸。小原氏亦知易。乃問曰。此行易卜如何。先生曰。夬之乾。小原氏默然久之。如有阻意。先生不語。告別而行。至京都。公卿盛來問賀。一日赴中川宮召命。酒間陳說歐洲形勢。兵備嚴整。及騎衞之術。興酣。先生請間。乃出乘都路。試演騎術之精。以自誇耀。中川宮大爲賞賛。親賜杯酒。先生感激曰。微臣出自卑賤。忝殿下之寵遇。榮譽已極。復改都路爲王庭。拜謝而退。歸至木屋街。浪士左右要擊。殪先生於馬上。余時在藩邸。聞變慨嘆。驚感易理神妙。凶禍之來。有不能倖免矣。僕聞北澤之言。謂象山先生。雖能知易。而惜其不能守易。終爲急於用世之念誤之也。僕有感於此。特節其語以附錄之。

䷫ 天風姤

姤爲夬之反。夬似一陰在上。五陽決之。幾至於盡。至姤而一陰復生於下。造化之理。陰陽奇偶。如影隨形。循環反復。去而復生。天地不能有陽而無陰。聖人雖惡陰。而終不能絕陰。姤之一陰。即自乾元下畫而來。履霜之漸。已兆於此矣。按姤字从女。从后。女陰象。后與後通。謂陰即伏於乾後也。此五陽一陰。卦之所以名姤也。

姤。女壯。勿用取女。

姤五月之卦。一陰自坤初來。生於乾下。坤爲女。又爲老陰。故曰女壯。蓋陰之始生。其機甚微。其勢甚捷。寒泉堅冰。漸積漸長。陰之侵陽。有防不及防者矣。往往家道之索。其始皆肇於女子。是壯莫壯於女也。懲其壯。故戒以勿取。特於姤陰始生之。所以杜女禍之萌也。

彖傳曰。姤。遇也。柔遇剛也。勿用取女。不可與長也。天地相遇。品物咸章也。剛遇中正。天下大行也。姤之時義大矣哉。

姤。古文作遘。或作逅。遘謂行而相値也。逅避。逅謂不期而會也。要即相遇之義也。卦體下巽上乾。乾者天也。巽者風也。天本清明在上。而微風乍起。適與相遇。故曰柔遇剛也。娶女本人倫之大。然詩野有蔓草。爲男女相遇之私。遇而不正。故曰勿用取女。而傳謂不可與長。蓋防姤陰之長而侵陽也。惟相遇而不相侵。斯陰陽相濟。而適以相成。夫獨陽不生。獨陰不育。天地相遇。乃能生物。乾曰品物流行。坤曰品物咸亨。惟其相遇有成也。姤當四月純乾之後。坤陰始生。乾爲剛。坤土居中。爲中正。謂之剛遇中正。將見天子當陽出治。握乾德之剛方。闡坤陰之中正。斯德以位顯。道與時行。黎民於變。四方風動。在此時也。風之行最捷。風在天下。故曰天下大行。王化行而禮義修。禮義修而風俗正。江漢汝墳之間。

女子皆能貞潔自守。相遇而不與長。復何慮乎女壯者哉。姤之時爲盛夏。姤之義爲純乾。夏之爲言養也。乾之爲言健也。姤之時義之大。于此可見矣。

以此卦擬人事。人事不外男女嫁娶。是人倫之大端也。勿娶則人倫滅。天地閉絕。陰陽睽隔。不生不育。不特無以爲家。抑且無以爲天下矣。象所謂勿娶者。非不娶也。爲勿用姤道以娶之耳。姤字从女。其義爲遇。女本陰柔。陽遇之而授以權。則陰乃長。陰長則女壯。五陽雖盛。一陰得以消之矣。傳曰不可與長。是抑其壯而歸之以中正也。所遇既得在正中。則巽順以從。所謂宜爾室家。樂爾妻孥。刑于之化。可行於邦國。由是而推之。即天下亦可大行矣。夫何憂夫女壯哉。聖人作易。以著消長之幾。陰陽起伏。不能偏廢。惟在因時以保護之耳。故六爻之義。多取以陽包陰。而九五之包。最得中正。諸爻之受其包者固包。即不受其包者。亦不能外其包。斯陰不至於侵陽。則陰陽得其平。陰陽平而夫婦之道和。夫婦和而人事乃無不中正矣。

以此卦擬國家。自來國家顚覆。其釁每肇自閨闥。如殷紂之亡由妲己。周幽之亂啓褒姒。女壯之禍。萬古垂鑑。聖人於姤卦。首示其戒。惕之曰勿用取女。蓋所以遏其流而杜其漸也。其義則正。其旨則嚴。而其辭未免過激。懲其壯而勿取。不特人倫有缺。且何以處關雎好逑。鷄鳴戒旦也耶。故傳申之曰不可與長。謂所惡於女者。惡其陰之漸長也。陰不長。則陽不消。陽足以育陰。而陰不能剝陽。斯相遇而不相爭。且更得其相助。王者之化。起自宮中。后妃之德。被于江漢。自來郅治之朝。未嘗不藉內助之賢也。姤者。遇也。卦體上乾下巽。乾剛巽柔。謂之柔遇剛也。推之天地相遇而品物生。夫妻相遇而家政修。君臣相遇而治化行。蓋得遇則成偶。不遇則爲奇。事無大小。未有不以相遇而成者也。特所遇務期中正耳。姤卦六爻。惟九五獨得中正。以杞爲剛。以瓜爲柔。杞之遇瓜。即剛之遇柔。得其包。則剛不爲柔侵。而柔自樂爲剛用。諸爻亦以正中爲吉。以不得正中爲凶。剛包之實。乾元包之。大哉乾元。其遇者廣。其包者愈大矣。爲姤言之。非專爲姤言之也。國家教化之臧否。皆可于此卜之矣。

通觀此卦。卦之體屬夫女。卦之義取夫遇。卦之象用懲其壯。卦之用戒其與長。

天下不能無女也。天下亦不可無遇也。因其壯之爲害。而遂欲絕其女。却其遇。是牽天下於寂滅之途。豈聖人作易之旨哉。蓋壯之爲害。不在於壯。而在與壯以權者。壯乃得而漸長。傳曰不可與長則壯無其權。而女不爲害。相遇適足以相成。而遇正大可用也。姤之爲卦。何嘗不善。乾天上運。巽風下行。帝出乎震。齊乎巽。相見乎離。遇之象也。是以天地得遇而物生。剛柔得遇而道平。君臣得遇而治成。姤之時義。所以爲大也。天下有風。爲天風相遇。天無遠而不覆。風無遠而不屆。古先哲后。以大中至正之道。宣告四方。象取此耳。爻以九五陽剛居尊。爲卦之主。初以一陰方來。有君民相遇之象。二以剛中下應。有大臣宣化之象。五所用以招携懷遠。風行下國者也。三四上三爻。或病於牽。或失於遠。或傷於窮。是皆不善於包。而相遇之未得其中正也。聖人愛陽而惡陰。愛陽而喜其來。故於復之一陽。而喜其來復。惡陰而亦不能禁可止其不來。故於姤之一陰。而戒其用壯。可見聖人之于陰。未嘗不予陰以並生。但不使陰之浸長爲患也已。

大象曰。天下有風。姤。后以施命誥四方。

風字从几。从一。从虫。几象天體。一者大也。虫者。生化之機。巽爲風。爲虫。風之來也。遍行天下。故曰風。乾爲君。巽爲命。君門九重。堂下萬里。命誥不施。上情壅而不通。下心疑而未信。何以與民遇哉。故凡立一政。興一法。必頒之典章。布之訓誥。自朝廷以及里閭。使天下曉然而知上意。風教之行。疾如音響。故曰后以施命誥四方。乾爲西北。巽爲東南。四方之象也。

(占)問時運。好運盛行。能使四方聞名。○問戰征。軍令迅速。賞必信。罰必行。有席捲天下之勢。○問營商。爲商爲利。宜販運遠方。可以隨在獲利。○問功名。有名揚四海之象。○問婚姻。昏禮所重。在父母之命。媒妁之言。猶政事之有誥命也。得其正。則天下可行也。○問家宅。此宅防有被風傾圮之慮。○問疾病。小兒爲驚風。大人爲肝風。防有四肢不仁。或手足牽拘之症。○問訟事。此訟牽連甚廣。一時未得罷休。○問失物。竊者已遠颺。難以再得。○問六甲。生女。

初六。繫于金柅。貞吉。有攸往。見凶。羸豕孚蹢躅。

象傳曰。繫于金柅。柔道牽也。

初得巽下一陰。女象也。乾爲金。巽爲木。木入金。成柅之象。故曰金柅。金柅絡絲之柎。女子所用。繫于金柅繫絲也。繫猶牽也。絲至柔。故傳曰柔道牽。九家易曰。絲繫於柅。猶女繫于男。高古錄云。晉武帝選女子有姿色者。以緋綵繫其臂。是其證也。按繫者爲繫著不動。婦人之德。靜爲吉。動爲凶。繫而不動則貞吉。有攸往則見凶。婦人言不出閫。行不履閾。行將何往。有往則必不安於室也。凶可知矣。初六辰在未。上値柳。南宮侯曰。柳。其物羊豕。故象豕。初巽陰柔。爲之牝豕。羣豕之中。豭强而牝弱。故曰羸豕。蹢躅。不安也。牝豕陰質而淫。躁動尤甚。初以柔承五剛。不繫而往。故曰羸豕孚蹢躅。總之絲爲柔物。豕爲陰獸。一失其繫。絲必紊亂。豕必奔突。任其所往。勢必消陽而剝剛。其蹢躅也。不待否剝之至。而已可預知矣。孚。信之先至者也。

(占)問時運。目下運途。有所牽制。不可妄動。妄動必凶。○問戰征。初爻爲出軍之始巽象陰柔。兵力必弱。顯見固守則吉。躁進則凶。○問營商。利坐賈。不利行商。○問功名。宜守舊而已。○問婚姻。九家易曰。絲繫于柅。猶女繫于男。正位夫內。故吉。○問家宅。此宅防有閨範不修之羞。○問疾病。此病是陰弱之症。宜安居靜養。○問失物。必爲繩索所繫。即尋則得。過日不能得也。○問行人。在外必有女子牽連。不能即歸。○問六甲。生女。

(占例)明治十八年十二月。鳥尾得菴居士來訪。談及東歐亂事。居士謂予曰。方今布加利阿羅美里兩國暴動。關係全歐大局。子幸占其結果。筮得姤之乾。

爻辭曰。初六。繫于金柅。貞吉。有攸往。見凶。羸豕孚蹢躅。

斷曰。姤者。遇也。是必率然相遇而啓釁也。初爻屬巽。一陰微弱。是必小國也。初應在四。四曰包无魚。是爲包藏禍心。因而起凶者也。意者其在露西亞乎。在布羅二國。能各安疆界。共相修好。如否卦所云。其亡其亡。繫于苞桑。是安不忘危治不忘亂。得其繫而國本固矣。即爻辭繫于金柅貞吉之旨也。若無端而聽外邦之唆惑。妄動干戈。勢必立見凶災。即爻辭所謂有攸往見凶是也。羸豕孚蹢躅者。說文亥爲豕。戌亥乾位。則豕占屬乾。初動爲乾。故有豕象。初本一陰爲巽。巽柔弱。故爲羸豕。巽爲躁卦。豕又陰淫躁動。故曰蹢躅。謂二國庸弱闇昧。如豕之負塗。猖狂躁動。如豕之出互。徒見見紛擾奔突而已。巽爲風。象傳曰。天下有風。想因此二國開隙。恐天下亦有聞風騷動者矣。究其結末。當在上爻之時。上爻曰。姤其角。爲姤之終。上乃窮矣。窮上反下。二國庶反而修好也。鳥尾君聞之。殊有所悟。

九二。包有魚。无咎。不利賓。

象傳曰。包有魚。義不及賓也。

乾爲包。巽爲魚。魚陰物。謂初。二包之。故曰包有魚。剝之貫魚。即從姤之一魚所生。能就姤之始而包之。故得无咎。二居內卦之中。當剛柔相遇之始。見其爲柔。特以優容而並包之。不敢以激烈而啓變。亦不至以姑息而養奸。斯誠禦陰之善道也。賓。謂四。九四辰在午。上値張。石氏曰。張主賜賓客。二有魚。四則无之。是不及四也。故曰不利賓。傳以義不及賓釋之。不及者。即彖不與長之義。千古禦小人之法。莫善於使之不相及。予之以並生。不予之以漸長。則終无相及之時矣。姤初之不利賓。以二爲之包也。

(占)問時運。人生處世。安得相遇盡爲君子。惟當曲意調護。不爲小人所害。自得无咎。○問功名。魚有化龍之象。包有魚者。魚已爲其所包矣。則升騰可必也。不利賓。利必在己也。○問營商。包爲包羅富有之象。衆維魚矣。魚亦有衆多之象。主貨物充盈。財利富厚。不利賓。爲其利非外人所得竊取也。○問戰征。史記白魚入舟注。馬融曰。魚介鱗之物。兵象也。魚而能包。是必善用其兵者也。曰。不利賓。賓即敵也。敵必可破矣。○問婚姻。魚陰物。以陽包陰。姻事成矣。○問家宅。魚爲陰物。象取女子。此宅定是女子主政。○問疾病。防有池魚殃及之災。○問六甲。生女。

(占例)某甲來請占氣運。筮得姤之遯。

爻辭曰。九二。包有魚。无咎。不利賓。

斷曰。此卦以一陰而上接五陽。必女子之不貞者也。今占得姤二爻。爻辭曰。包有魚。魚陰物善敗。包有者是匿藏其物而有之也。又曰不利賓。知賓亦嘗欲利而有之。及有之而反爲不利。不利于賓。其必利于主矣。想此物儼如魚之在市。爾可有。我亦可有。本無定主也。利不利在包之者。善自爲之耳。後據所聞。知某甲來占。非爲氣運。實爲一女子耳。商人留妻於家。暫歸故里。經四月而回。其妻以夫不在。與某甲私通。及其夫來。乃以其妻寄之於外國商人。詭云以豫借外國人數百金。不得已以身抵之。其夫無力償金。遂棄其妻而去。某甲乃得取爲已妻。後某甲死。財產悉歸其妻所有。故爻象發現如此。

九三。臀无膚。其行次且。厲。无大咎。

象傳曰。其行次且。行未牽也。

姤與夬反對。夬之臀。在三。姤之臀在四。姤三即夬四也。三居下體之上。巽在股。臀在股上。故三有臀象。剝四曰。剝膚。是剝陽也。姤三亦爲初陰所剝。故曰无膚。

上卦爲乾乾爲行。三居乾巽之間。柔未變也。故其行次且。有危心焉。乾之三厲无咎。姤三化巽變柔。進退不果。其次且也。即其咎也。幸其由此以進。行將入兌。尚不失健行之性。故曰无大咎。象傳以行未牽釋之。牽者。牽制也。謂其行雖緩。尚能不失乾健。不爲陰柔所牽制也。

(占)問時運。氣運柔弱。諸事遲疑。是以動輒有危。○問戰征。欲進不進。因疑生危。不能得勝也。无大敗。亦幸矣。○問營商。販運不決。安能獲利。○問功名。尚須遲緩以待。○問婚姻。遲緩可成。○問家宅。此宅後面牆屋。定已傾圮矣。殊爲可危。修葺斯可免咎。○問疾病。此病必是下體潰爛。行坐不安。治之无咎。○問訟事。防受笞杖。○問失物。物已損壞。遲之可得。○問六甲。生女。

(占例)有友請占一事。以決成否。筮得姤之訟。

爻辭曰。九三。臀无膚。其行次且。厲。无大咎。

斷曰。姤者不期而遇。爲其事之出於意外者也。今足下占得三爻。細玩爻象。臀在人身下體。所以安坐也。无膚。則坐不得安。次且者。昧於事幾。欲進而不進。則行不能決。坐行兩難。是以有厲也。其事終歸不成。故亦无大咎。

○明治二十八年。六月。三浦中將奉命爲朝鮮公使。臨行占問朝鮮交際政策。筮得姤之訟。呈之內閣總理大臣。

爻辭曰。九三。臀无膚。其行次且。厲。无大咎。

斷曰。卦名曰姤。姤。遇也。方今海禁大開。玉帛往來。正當萬國會遇之時也。卦體五陽在上。一陰在下。是孤陰爲羣陽所制。有大國攜服小邦之象。今當三浦中將出使朝鮮。爲占兩國交際方略。公使外行。則當以我爲外卦。以朝鮮爲內卦。內卦爲巽。柔順無力。可見朝鮮之弱小也。臀在身後。爲隱伏。有後宮之象。主有妃妾擅權。侵害朝政。无膚。即剝膚。爲切近之災。致不能安坐深宮也。天下大勢。正當改舊從新。力圖富强。朝鮮因循舊習。欲改不改。是爲其行次且也。國勢之危。因此益甚。故厲。三居巽之終。爲乾之始。將化柔。而變剛以內卦而從外。其必改而從我也。三又以二四。爲上下隣。朝鮮向屬淸國。四謂淸也。以不包而起凶。二本乾體。謂我國也。以克包而无咎。朝鮮盛衰之機。歷歷可見。在我國交際之道。要亦不外是焉。

○明治三十年。占伊藤侯爵氣運。筮得姤之訟。

爻辭曰。九三。臀无膚。其行次且。厲。无大咎。

斷曰。卦體乾上巽下。一陰生於五陽之下。陰小人也。浸藏浸長。五陽漸受其剝。而不自覺也。今占得三爻。曰臀。爲人身下體。曰无膚。爲剝傷已甚。曰其行次且。爲剛而變柔。故欲進不進。是皆小人之情狀也。在侯剛方端正。斷不爲小人所惑。唯此五陽中一有不察。將有授之以權。而小人隨得出而爲難。凡侯。所建善後之謀。必爲之而敗。所策力行之政。必爲之而阻。即所謂臀无膚。其行次且。是也。至此而侯必不安於位也。故曰厲。然侯德望素著。故无大咎。此爲侯本年不得意之占也。是年十月。侯果辭總理大臣之職。

九四。包无魚。起凶。

象傳曰。无魚之凶。遠民也。

四入乾。復變而爲巽。巽爲魚。魚已爲二所包。故无魚。蓋天包乎地。陽包乎陰。得所包而含宏廣大。並育無害。此二之包所以无咎也。失所包。而魚將吸浪揚波頓生凶患。小人之施毒以害君子者。其凶由是而起也。象傳以遠民釋之。魚。猶民也。謂魚之不可不包。猶民之不可或遠。不以民爲小人。而驅而遠之。必以民爲同胞。而親而近之。斯民得兼包並育。樂荷生成。何致有消陽之患哉。

(占)問時運。剛變而柔。運途不正。氣量淺狹。是以多凶。○問戰征。主將才力微薄。不能包容衆軍。防有兵變之禍。○問營商。包无魚。有囊橐空虛之象。何以獲利。○問功名。魚喜得水。人喜得名。无魚則水涸。无名則人窮。故凶。○問婚姻。婚姻之道。重在生育。包无魚。言无胎孕也。凶。○問家宅。象曰遠民。此宅必在民居相遠之地。是孤村也。恐有不測之災。○問疾病。魚陰象。无魚是陰分虧極。陽不能包。必凶。○問六甲。生女。

(占例)有友人來占氣運。筮得姤之巽。

爻辭曰。九四。包无魚。起凶。

斷曰。卦象爲天下有風。風之起也。忽焉而來。忽焉而去。有不期而相遇者也。在人則爲意之遭逢也。今占得四爻。四爻入乾。乾爲包。變而爲巽。巽爲魚。四欲包魚。而魚先爲二所有。故欲包而无魚也。足下占問之意。想必有一事欲謀。乃其事已落他人之手。是足下運途不順所致。足下還宜含容優待。斯可免凶。否則凶禍從此起矣。

九五。以杞包瓜。含章。有隕自天。

象傳曰。九五含章。中正也。有隕自天。志不舍命也。

巽爲杞。杞。柳也。可屈以包物。杞謂五。瓜謂初。杞剛而瓜柔。剛包柔。即杞包瓜也。姤者。五月之卦。瓜以五月生。杞以五月盛。包之。正及其時矣。及時而包之。柔者揚其華。剛者蘊其美。自覺章綵之內含也。五秉中正之德。初得其包。亦歸於正中。即彖所謂天地相遇。品物咸章者。其在此爻乎。有隕自天者。瓜之爲物。不能經久。黃熟而隕。亦天爲之也。在包之者。不肯諉諸于天命。故于其隕也。若不勝其哀矜焉。故傳以志不舍命釋之。

(占)問時運。運行中正。才力所及。自能包羅諸有。雖不言吉。吉可知矣。○問營商。生意雖不外木植瓜果等品。而包容甚廣。自有天財可得。○問功名。五居尊位。功名自顯。但進退榮辱。俱當安命。○問戰征堂堂之陣。正正之旗。王者之師也。逆者誅。順者從。有包掃一切之勢焉。○問婚姻。有瓜瓞綿綿之象。吉。○問疾病。爲熱包寒之象。○問六甲。生女。

(占例)明治二十二年某月橫濱辯護士某來曰。近因商人與地主。爲爭公共財產上權利。起一大訟。此案向來紛爭。迄今未見和解也。請煩一筮。以卜勝負。筮得姤之鼎。

爻辭曰。九五。以杞包瓜。含章。有隕自天。

斷曰。姤者一陰遇五陽之卦。陰欲長而陽抑之。蓋陰長消陽。陽長消陰。卦與夬相反。所謂反復其道。一消一長。亦天運使然也。今足下爲占爭財訟事。而得此爻。知此財產。爲公共之物。甲可取。乙亦可取。猶之陰陽消長。彼此互有權也。爻辭曰。以杞包瓜。就杞瓜而論。杞爲植木。特立在上。瓜爲蔓生。綿延在地。當以杞爲商人。瓜爲地主。所謂包者。宜以商人包容地主。地主之權利。藉商人調護而出。猶瓜之施于杞木而生也。含章者。謂所包之中。自有章華內含。以見利益之大也。有隕自天者。隕。落也。其終財產歸結。要自有天數存焉。非人力所可强爭也。孔子曰得之不得。曰有命。勸兩造亦各聽命而已矣

上九。姤其角。吝。无咎。

象傳曰。姤其角。上窮吝也。

上九辰在戌。得乾氣。乾爲首。位居首上。故曰角。遇而在上遇亦極矣。故曰姤其角。角者觸。遇之而觸。不如遇之而包也。觸之故吝。然觸亦不害其正。故无咎。象傳以上窮釋之。凡上窮必反下。剝之窮上反下。而碩果不食。一陽乃來復焉。姤其角。正窮上反下之象。故雖吝无咎。聖人之于陰。予以並生。不欲其浸長。上之姤其角。令其窮而自反也。

（占）問時運。運至於上。運亦窮矣。○問營商。角逐者爭利也。姤其角。爲能得其首利也。蓋吝在商人。吝无咎焉。○問功名。有頭角崢嶸之兆。世傳魁星有角。姤其角。是遇魁星也。功名大利。○問戰征。角力角勝。皆有戰象。角之字爲刀下用。此戰大有殺戮。是窮兵之禍也。○問疾病。想頭角之上患瘡。醫治无咎。○問婚姻。上居乾之極。上窮反下。必是老夫而求女妻也。○問失物。物本在高處。窮而反下。須就低處尋之。可得。○問六甲。上窮而反。生男。

（占例）一日有友人來曰。僕與某貴顯。素來親厚。大蒙恩遇自貴顯歐米歸朝。交情忽疎。偶請面謁。遂至見拒。余實不知因何獲咎也。請爲一占。筮得姤之大過。

爻辭曰。上九。姤其角。吝。无咎。

斷曰。姤者女壯之卦。女子之言。最易惑聽。朋友交情。爲婦言所讒間者。往往多有。今占得姤上爻。姤本女象。其義爲遇。爻辭曰。姤其角。角善觸。是必於相遇之際。有觸其怒者。彼婦遂挾其怨恨。設其計以相牴觸。進讒於貴顯。此貴顯與足下之疎遠。所由來也。无咎者。以角在上爻。上窮反下。貴顯必久當自反。知其爲讒。反而思舊。當與足下復尋舊好也。某氏聞之。頓有所悟。曰僕向於貴顯他出。屢訪其邸。一日見渠夫人。因事規勸。致拂其意。既而貴顯歸。度彼婦畏僕告知遂設計讒間。諒事所必有也。後悟貴顯有云。我家之事。非外人所可干涉。知此言非無因而來也。今得其占。其疑乃釋。彼婦可吝。在我固無愧焉。

䷬ 澤地萃

卦體澤上地下。澤能畜水。地能畜澤。卦通大畜。有畜聚之象。反則爲升。升象曰。積小高大。有積聚之義。卦自姤來。序卦傳曰。姤者。遇也。物相遇而後聚。故受之以萃。萃者。聚也。此卦之所以名萃也。

萃亨。王假有廟。利見大人。亨。利貞。用大牲吉。利有攸往。

萃與渙名相反。而義則相須。渙之亨。取諸水流風行。萃之亨。取諸兌悅坤順。渙亦假廟。渙之假廟。見神氣之發揚。萃之假廟。見精誠之貫注。一散一聚。義各不同。而所以致誠者一也。王者合萬國之歡心。以事其祖考。侯甸男衞。駿奔在廟。是萃之盛也。大人謂九五。五萃有位。能御衆以治亂。故利見。亨利貞者。兌曰亨利貞。坤曰柔順利貞。蓋即從坤兌來也。坤爲牛亦爲用。故曰用大牲。言大人有嘉會。必殺牛而盟。既盟則可以往。故曰利有攸往。

彖傳曰。萃。聚也。順以說。剛中而應。故聚也。王假有廟。致孝享也。利見大人亨。聚以正也。用大牲吉。利有攸往。順天命也。觀其所聚。而天地萬物之情可見矣。

坤爲聚。澤者水之所歸聚也。合之謂萃。萃者聚也。爲卦上悅下順。上下合志。二中五剛。二五相應。故能聚也。王假有廟者。陸績云。王謂五。廟爲上。王者聚百物以祭其先。諸侯助祭于廟中。是謂致孝於鬼神也。五剛中而二應之故稱大人。二得離氣。離爲目故利見。萃與升反。升曰用見大人。不言利。故不言亨。萃曰利見。利則必亨。而所以亨者。又在聚之得正也。大牲。牛也。左傳。牛卜日曰牲。註既得吉日。則牛改名曰牲。坤爲殺。執坤牛而殺之。以荐牲也。故曰大牲吉。用以享神。有以攝其心也。往以助祭。有以集其力也。其萃也。非勢驅力迫所能爲也。亦唯順天之命而已。自昔殷湯。用元牡。昭告皇天。以誓萬方。十一征而無敵于天下。是即用大牲吉。利有攸往。順天命之明證也。

以此卦擬人事。內而聚其精神。外而聚其財力。皆爲之萃也。然不順則散。不悅則離。不剛則無以畏衆。不中則無以服人。雖萃終必渙也。唯順以悅。剛中以應。斯聚得其正矣。廟。祖廟。祭之以禮。所以致孝也。大人。主祭之人。一家之長也。大人率一家之子孫。有事於祖廟。凡子孫入廟者。必先見主祭之長。故曰利見大人。庶幾心亨而理亦正矣。大牲者。祭禮也。大則牛羊。小則雞豚。皆謂之牲。牲不備不足以祭。不豐亦無爲祭。故曰用大牲。吉。利有攸往者。承祭使民。理本一致。入可以承祭。出乃可以使民故曰利往。一身之事。以祭爲重。以孝爲先。幽以精誠格祖考。明以和樂宜室家。雖曰人事。豈非天命哉。由一家以及一國。由一國以及天下。觀其所聚。即可知天地萬物之情矣。彖傳之旨。在上聚祖廟之神靈。下聚四海之歡心。聖人以孝道治天下。而民德歸厚。萬國來同。此萃之全象也。如天之無不覆。如地之無不幬。萬物皆會萃發育於天地之中。謂之觀其所聚。而天地萬物之情可見矣。

以此卦擬國家。國家之要。在廣土衆民。兌爲悅。坤爲土。爲衆。有悅而歸聚之象。順則民從。悅則民服。剛則不屈。中則不偏。皆足以使衆也。得其正則民聚矣。王者繼體承統。未臨民。先假廟所以承祖考之重也。孝經所謂王者合萬國之歡心。以事其先王。上以盡孝亨之誠。下以廣孝治之道。而天下興孝矣。大人即王者。利見利往。所謂濟濟多士。駿奔走在廟。率見昭考。以孝以亨是也。大牲。牛也。吉。卜牲之吉也。一時荐廣牡。相祀事者。咸皆顧視天之明命。罔不祗肅焉。萃莫盛於斯矣。王者法天則地。以天地之並育萬物者。聯合萬國。斯其情可與天地參矣。六爻皆反復言萃。初則以萃致亂。三則因萃興嗟。上則爲萃流涕。皆不得其萃之正。爲可懼也。五得萃之位。四得萃之吉。二得萃之孚。即象所謂順以說。剛中而應。故聚也。民之歸之。如水之就下。可以見澤地之功也。

通觀此卦。國之大事。在祀與戎。故象言假有廟。象言戒不虞。而其要首在於得衆。此卦之所以取萃也。卦體下順上悅。順而悅。故兆民歸往。以之執籩豆而相祀事。而禮儀不忒。以之執戈矛而從王事。而踴躍知方。上以興孝。下以興仁。風同道一。萬邦協和。萃莫萃於此焉。萃易位爲臨。臨象曰。容保民无疆。萃之象矣。二卦同爲澤地。澤足以惠民。地足以容衆。故澤下地上爲臨。地下澤上爲萃。六爻以五爲萃之主。乃剛中之大人也。二萃焉。初與四亦萃焉。其位足以致萃。故曰萃有位。上則無位。未免泣涕而不安矣。三與上應。上悲而三亦嗟矣。內三爻爲地。地之所歸不擇土壤。萃雖衆。心不一。故初因之而號。三因之而嗟。二雖吉猶待引也。外三爻爲澤。澤之所萃。心自悅矣。五之萃。得永貞也。四之萃。自无咎也。上居澤之極。澤滿則水溢。故有涕洟之象焉。蓋惟天民有欲。無主乃亂。萬國來會而禹帝萬姓悅服而武興。人心之所向。即見天命之所歸也。故萃不可力取。唯在德化也。

大象曰。澤上於地。萃。君子以除戎器。戒不虞。

兌爲金。坤爲器。有戎器之象。除。修治也。修治戎器。以防不虞。所謂有備無患也。

卦象爲澤上於地。水滿則溢。潰決奔突。勢莫能禦。所當豫爲之防。水猶兵也。故可借鑒。按穆天子傳有七萃之士。取宿衛環聚爲名。是萃爲防禦之士。所以遏亂也。萃象之除戎器。義蓋取此耳。

(占)問時運。運氣平順。但能安不忘危。自得歡樂无憂。○問戰征。兵凶器。戰危事。惟能臨事而懼。好謀而成。可無意外之虞也。○問營商。萃有財聚之象。然聚必有散。盈必有虧。亦理之循環。所當時時豫防。○問功名。宜由武功得名。○問婚姻。非寇婚媾。易每以寇婚對言。蓋防兵禍。猶防女禍也。唯能豫防。自可无咎。○問家宅。澤上於水。防有大水入屋之象。○問疾病。防胸腹有水脹之症。宜豫爲調治。○問行人。中途兵阻。一時難歸。○問六甲。生女。

初六。有孚不終。乃亂乃萃。若號。一握爲笑。勿恤。往无咎。

象傳曰。乃亂乃萃。其志亂也。

兌爲孚。故有孚。坤爲終。初失位。故不終。坤爲聚。亦爲亂。故曰乃亂乃萃。初爲萃之始。相孚猶淺。是以有初鮮終也。不得其終。則一念萃於此。易一念而萃於彼。其志先亂矣。是萃適以長亂也。象傳以志亂釋之。乃猶汝也。汝自萃之。汝自亂之也。初爻陰柔居下。雖得衆。未足以總之。初與四應。則御萃之權。當在四也。若。順也。號。令也。謂順從四之號令。一握爲笑。謂推誠相與。衆皆歡說。即象所云順以說也。上互巽。巽爲號。下互艮。艮爲執。執手。猶握手。退之所謂握手出肺肝相示者是也。兌爲口。故曰笑。旣得其笑。故勿恤。往。往四也。四能恩威並著。初自不致烏合爲亂也。故无咎。

（占）問時運。運當初交。一順一逆。反復無常。得所救援可以无咎。○問功名。忽榮忽辱。由於中心無主也。○問營商。有初无終。聚散不定。不能獲利。僅可免咎而已。○問戰征。總軍出征。防有兵變之憂。○問婚姻。有始亂之。而終娶之之象。○問家宅。此宅不利。可暫住。不可久居。○問疾病。此病忽號忽笑。由於心神昏亂。往而求醫。必无咎也。可勿憂。○問六甲。生女。

（占例）明治十五年十月。大水陡發。上野高崎間。鐵道所轄戶田川口假橋。致被冲塌。余曾執司工事。往晤鐵道局長井上君。井上君曰。川口假橋冲裂。鐵道被梗。不得不急議修築。按川口堤岸高出平地丈餘。若架造堅固鐵橋。工程旣大。經費亦巨。若仍築假橋。一經發水。便遭冲決。亦非善策。若何而可。請爲籌度。余曰。不如問諸神易。乃筮得萃之隨。

爻辭曰。初六。有孚不終。乃亂乃萃。若號。一握爲笑。勿恤。往无咎。

斷曰。此卦澤上於地。明示洪水汎濫之象。占得初爻。知此假橋建築不久。乍築乍傾。故謂之有孚不終。乃亂乃萃。初正應在四。宜聽令於四。若號者。四之號令也。握。猶執也。得四之號令。衆皆歡欣願執其役。兌爲說。所謂說以勞民。民忘其勞也。故曰一握爲笑。但四不當位。則必橋之地位不當。五曰萃有位。則位宜從五。五變爲豫。豫者有豫備之義。豫卦震上坤下。萃爲兌上。兌西震東。易兌爲震。橋宜改西從東方。爲當位。坤地在下。坤爲厚。爲基。宜從平地培土爲基。營架一橋。再設鐵索。繫鎖於兩堤。水來隨高。水落隨平。使无冲潰奔突之患。故得无咎。井上君聞之。亦以爲然。衆議乃決。依此作橋。翌年水復大發。橋得無患。益歎易象之神也。

六二。引吉。无咎。孚。乃利用禴。

象傳曰。引吉。无咎。中未變也。

二居下卦之中。上應於五。知萃之當歸於五也。二與初三爲同體。初之亂。三之嗟。是失所萃也。二能引之同萃於五。故曰引吉。无咎。上互巽。巽爲繩。下互艮。艮爲手。有引之象。萃。夏祭名。六二爲離爻。離南方。爲夏。故利用禴。二動體困。困二曰利用亨祀。萃反爲升。升二亦曰利用禴。以二得中。故其象同也。象稱假廟用牲。二爲助祭。助祭當獻方物。坤爲吝嗇。故薄。然輸誠來萃。雖薄亦孚。孚固不在多儀也。

(占)問時運。運得正中。吉。○問功名。可望汲引而進。○問營商。引。牽引也。想是合衆生意。必可獲吉。但須答願酬神。○問戰征。古者出師。必祭。於內曰類。於野曰禡。是也。蓋祭神以誓師也。吉。○問婚姻。二應於五。是二五訂婚也。故曰引吉。○

問疾病。仙人辟穀之法。曰引導。爲引運其元氣。使之充實無虧。即可却疾。○問六甲。生女。

(占例)友人某來。請占氣運。筮得萃之困。

爻辭曰。六二。引吉。无咎。孚。乃利用禴。

斷曰。此卦地上。有澤。可以蓄水。即可聚財。故卦曰萃。今占得二爻。爻辭曰引吉。知足下所謀之事。必待有人。引而伸之。乃可獲吉。二與五應。能爲足下指引者。必屬於五。惜其中有三四兩爻間隔。宜備禮祈禱。以乞神佑。使三四不能。阻碍。則所謀得遂。自然吉而無咎也。

六三。萃如嗟如。无攸利。往无咎。小吝。

象傳曰。往无咎。上巽也。

三處坤之上。坤爲衆。得萃之象。蓋萃必衆心歡悅。其萃乃爲可用。三以陰居陽。不能統率坤衆。萃者以利而萃。萃而无利。則萃者嗟矣。故曰萃如嗟如。卦以五爻爲萃之宗主。即象所稱利見之大人也。往而歸之有攸利焉。小吝者。三無御萃之才。致騰衆口。爲可鄙耳。傳曰。上巽也。萃上互巽巽五曰。萃不利。謂往而可得巽之利也。

(占)問時運。運途平平。无可獲利也。○問功名。功名不利。反被人鄙。○問營商。貨物雖多。不售可嗟。何所獲利。惟轉運他處。可得无咎。○問戰征。有兵而不得其用。反致怨咨。在主將無御衆之才也。○問婚姻。未免輿怨耦之嗟。○問家宅。同居不睦。致多口舌。往遷可以无咎。○問疾病。胸隔積滯。作痛。致聲聲叫苦。以兩便不利所致。利則可以无咎。○問訟事。不利。○問六甲。生女。

(占例)友人來請占氣運。筮得萃之咸。

爻辭曰。六三。萃如嗟如。无攸利。往无咎。小吝。

斷曰。卦體上悅下順。衆人歸附。占象得此。可爲佳矣。今占得第三爻。三爻以陰居陽。自无御衆之才。無以利衆。以致衆怨。故曰萃如嗟如。无攸利。知足下身任副局長。不得衆心。爻辭之言。若適爲足下發也。足下當令其往附於局長。斯衆得其利。而可无咎矣。象曰。上巽。巽順也。在足下運途亦順矣。

九四。大吉无咎。

象傳曰。大吉无咎。位不當也。

四出坤入兌。當內外卦之交。爲多懼之地。初應之。三比之。開館招賓。禮賢下士。如漢之王莽曹操。臣而得衆。凶莫大焉。爻曰。大吉无咎。必其克盡大吉之道。乃得无咎。必其能立无咎之地。乃得大吉。若文王三分有二。以服事殷。能有其萃。而不自以爲萃。必率其萃而歸之於君。斯可謂大吉而无咎矣。象傳於大吉无咎。而猶以位不當釋之。其旨嚴矣。

(占)問時運。運氣大好。無往不吉。但於地位不當。宜愼。○問功名。大吉。但恐德不稱位。○問營商。得財得利大吉。宜作退一步想。方能有始有終。○問戰征。戰勝攻克。大吉大利。防功高震主。謗毀隨之。○問婚姻。四與初爲正應。即爲正配。吉。但門第恐不甚相當也。○問家宅。此宅人口興旺。家室平安。大吉。但地位少嫌卑下。○問疾病。是外强中乾之症。目下可保無咎。○問六甲。生女。

(占例)某家支配人。請占氣運。筮得萃之比。

爻辭曰九四。大吉无咎。

斷曰。凡占卦取爻辭。亦當兼取爻象。往往有爻辭則吉。而爻象則凶者。亦有爻象則凶。而爻辭則吉者。今此爻之辭曰。大吉无咎。象傳曰。位不當。未免於吉中則凶。足下占氣運。得此爻。在足下身任支配。凡主家之權利。皆歸足下擔負。一時超附權利者。不必歸向於主家。必皆歸向於足下。此亦勢之所必然也。於是足下之名大震。足下之運大盛。安得不謂之大吉哉。其實此等權利。皆主家所有。非足下所可自有也。象傳以位不當戒之。足下最宜凜凜焉。

九五。萃有位。无咎。匪孚。元永貞。悔亡。

象傳曰。萃有位。志未光也。

五居尊位。爲萃之主。故曰萃有位。居其位以御其衆。故无咎。然億兆之歸往在有位。亦不僅在有位也。要必有足以服衆者。而衆乃中心誠服矣。是萃以位。實萃以德。以德服人。此之謂孚。若徒曰萃有位而已。是以權位脅取。非心服也。孚何有焉。匪孚而萃。後且有悔。元永貞者。乾坤之德也。元者。乾之長人。永貞者。坤之載物。既具此德。則德位兼備。羣黎百姓。罔不丕應。悔自亡矣。象傳曰。志未光。爲徒有其位言之耳。按比彖亦曰元永貞。比以一陽統衆陰。故元永貞。言於卦。萃雖有二陽而統衆陰者。以五爲主。故元永貞言於五。義各有當也。

(占)問時運。得位得權。運當全盛。自可无咎。○問營商。財則聚矣。信尚未也。能守其正。業自可久。○問功名。位則高矣。望則隆矣。更宜修德履正。○問戰征。三軍既集。大業可成。更宜推誠相與。可保永終。○問婚姻。位尊金多。可稱貴婿。○問家宅。此宅地位。山環水聚。聚族而居。吉。○問疾病。心神不定。宜靜養。○問訟事以訟者爵位隆。聲勢盛。雖枉得直。○問六甲。生女。○問失物。久後可得。无咎。

(占例)一日友人來。請占氣運。筮得萃之豫。

爻辭曰。九五。萃有位。无咎。匪孚。元永貞。悔亡。

斷曰。五爻爲萃之宗主。旣有其位。又有其衆。運无咎也。足下占氣運。得此爻象。知足下非卑下之儔。有位有財。非一鄉之望。即一家之主也。特一時信義未孚。在衆人或懷疑畔。當履道守正。久而不失。斯言寡尤。行寡悔。而萬事亨通矣。

上六。齎咨涕洟。无咎。

象傳曰。齎咨涕洟。未安上也

齎咨。嗟嘆之辭。目出曰涕。鼻出曰洟。齎咨涕洟。悲泣之狀也。上爻陰柔不中。居萃之極。三與上爲敵應。敵應則無萃。曾是孤立於上而得安乎。知其不安。則憂之深。慮之甚。極之齎咨涕洟。悲愁百結。人亦當諒其哀怨而來萃也。故得无咎。皖江陳氏。以資爲資財。齎爲持。謂財聚民散。是有其財而不能有其衆。則坐擁厚資。適以自危。如鹿臺鉅橋。卒供興王之恩賞。此誠當痛哭流涕者也。其說亦新切。

(占)問時運。人必年老運退。極至窮極悲苦。爲可憫也。然必有憐而救援者。得以无咎。○問營商。孤客無伴。途窮日暮。大可悲慮。幸而得救。无咎。○問功名。時衰運極。難望成名。○問戰征。有軍衆畔離。主將孤立之象。○問婚姻。有生離死別之悲。○問家宅。仳離啜泣。家室不安。○問疾病。病自悲泣過甚而來。宜寬懷調養。○問六甲。生女。

(占例)明治二十一年六月。余爲謀設攝綿土製造廠。游寓愛知熱田。偶過熱田神宮。得晤神職某氏。相與講易。時際旱魃。鄉農數百。賽社。祈雨。余語神職某曰。鄉人誠求。神其諄諄然命之乎。神職曰。神何言哉。余曰。神固不言。有足以通神之言者。其唯易乎。曷不筮之。筮得萃之否。

爻辭曰。上六。齎咨涕洟。无咎。

斷曰。此卦上卦之澤。爲受水之地。澤出地上。有澤滿水溢之象。爻辭曰。齎咨。在人爲悲怨之情。在天爲震怒之聲。即迅雷也。曰涕洟。在人爲悲泣之狀。在天爲滂沱之澤。即大雨也。當此迅雷大雨。洪水暴作。人民罹災。神亦爲之不安。故象曰。未安上也。計其時日。自初至上。爲六日。當必有驗。時七月十六日也。聞者多未之信。屆期天日晴朗。大宮司角田氏謂余曰。大雨之期。占在今日。恐不驗也。余曰。余唯就占論占。驗不驗非余所知。然向來所占。未有不驗也。至午後。雲湧風起。迄三時。雷公電母。風伯雨師。税駕齊來。頃刻之間。溝澮充盈。平地皆水。於是宮司等。驚駭感服。過余稱謝。翌年伊藤議長。佐野顧問。賽熱田神宮。向宮司諸人。詢問余占雨神驗。宮司即以斷辭上申。兩公大感神德之靈應。詳詢熱田神社始祀之由。後宮內省。發給祠祭十萬圓。社格列伊勢大廟之次。

䷭ 地風升

卦體坤上巽下。案坤辰在未。未土也。故坤爲地。巽辰在巳。上値軫。軫主風。故巽爲風。陸績云。風。土氣也。巽爲坤所生。故風從地而起。即莊子所云大塊噓氣。其名爲風也。地上風下。蓋風起自地下。頃刻而行於天上。有升之象。升爲十二月之卦。陰氣下凝。陽氣上升。此其時焉。此卦所以名地風升也。

升。元亨。用見大人。勿恤。南征吉。

卦象由巽升坤。故曰升。巽本小亨。元者。坤之元。得夫坤元之氣。故曰元亨。大人謂二。巽傳曰。利見。此曰用見。謂不升則不得見。用升而後可見也。故曰用見。得見大人。則大人必相與同升。自可無恤。南征者。出幽入明之謂也。夫巽之往坤。坤之往巽。皆必食於南。譬如日月之升。皆南征。而其降也。皆北行。故曰南征吉。

彖傳曰。柔以時升。巽而順。剛中而應。是以大亨。用見

大人。勿恤。有慶也。南征吉。志行也。

巽位在巳。坤位在申。其升也歷時而漸進。故曰柔以時升。陰始於巽。而終於坤。柔莫柔於巽矣。巽彖曰。柔順乎剛。坤彖曰。柔順利貞。是所謂巽而順也。二爲升之主。剛而得中。與五相應。謂之剛中而應。其亨是以大也。王制升諸司徒。升諸司馬。皆爲大人。得以用見。是可勿恤。柔依剛而立。初得二而升之基益固。而升之道乃亨。故曰有慶。陽稱慶。慶在初也。巽屬東南。坤屬西南。自下升上。必歷離之南。乃交於坤。南爲陽明之方。故征吉。得其吉而升之。志于是乎遂。故曰志行也。

以此卦擬人事。是人之屈者求伸。窮者求達也。然屈伸窮達。有時存也。剛主動。柔主靜。柔以時升。當靜以待時焉。巽柔也。順亦柔也。無剛以作其氣。則柔弱不能自樹。其何以升哉。故必應以剛中。柔乃得依剛以爲立。即巽彖所謂巽剛而應乎順者也。其亨可謂大矣。凡人之求升。必藉大人爲之先導。引而進之。登而庸之。皆大人之力也。然必先見之。而後得邀其賞識。用見者。進見之謂也。舉不舉未可知也。故不謂之利見。然以時而見。必以時而升。當有慶焉。可无憂也。昔呂望之於文王。相見於渭南。孔明之於先主。相見於南陽。南征之吉。是其證也。三代之英。有志得逮。大道之行。人事之亨也。巽爲風。坤爲用。正風雲際會。用之則行之時也。

以此卦擬國家。升爲升平也。所謂道隆從隆。國家全盛之時也。其卦自萃來。萃則得民。得民則國治。國治而後天下平。是治道之大亨也。故升曰元亨。然一治一亂。時爲之也。時未可升。宜靜以俟之。不宜躁進。柔而順。謂坤順以承天也。剛中以應。謂巽剛以應時也。得其時。則賢能登進。俊傑超遷。允升天子之階。用布永清之化。君臣一德。風行俗美。在此時也。大人者。恭己南面之大人也。當陽出治。天下之士。咸皆懷抱利器。願期一見之爲榮。斯士无被黜之憂。朝有得人之慶。說卦傳所云。帝出乎震。齊乎巽。相見乎離。離南方也。故南征吉。卦以二五爲剛中相應。二曰有喜。五曰大得志。即可見萬年有道。升平之象也。

通觀此卦。卦名取地風。卦象取地木。風從地而起。木自地而出。巽爲風。亦爲木。

木與風。其爲升一也。升反萃。萃坤居下。爲羣衆之象。升則舉於衆。而登之民上。是古者論秀書升之制也。故反萃爲升。彖辭曰。用見曰征吉。謂賢士懷抱道德。樂爲世用也。曰大亨。曰有慶。謂朝廷任用俊彥。得奏時雍也。往見者在士。舉而用之者。在大人。故士之吉。即爲大人之吉。大人之有慶。亦即爲士之慶也。柔依剛而能立。志得坤而斯行。象曰。積小以高大。譬如升高。必自卑而登。譬如升階。必由下而進。蓋有愈升而愈上者矣。其大旨唯在柔以時升。先時則躁。後時則悔。皆失升進之道也。士者出而用世。審時其至要也。易之作也。多在殷周之際。周室王化之行。始於二南。所謂征南。是明證也。爻象內三爻爲巽。初合志。二有喜。三无疑。是升之得其人得其道也。外三爻爲坤。四曰山。五曰階。六曰冥。是升有其地。有其時也。總云二爲大人。五應之。則升階以見。初得允吉。四應之。則恭順以事。三尙可升。六應之。則其升已極。卦體坤巽皆柔。如木初出。枝條柔軟。及其干霄直上。自然剛健不屈。所謂柔而順。剛中以應者也。

大象曰。地中生木。升。君子以順德。積小以高大。

地中生木。當其萌蘗始生。藐乎小矣。及至蔽日干霄。其高大不可限量。蓋不知幾經歲月。得以積累而至此也。順德以坤爲極。巽柔在下。坤順在上。由巽升坤。非積不能。君子法之。以順其德。積小高大。德必日新而日懋也。人以此而樹木者。君子即以此而樹德焉。

(占)問時運。得春生之氣。運途當日進日盛。○問功名。有指日高陞之象。○問營商。積累錙銖。可漸成富饒巨室。○問戰征。宜平地架列木梯。可以登高攻城。○問婚姻。順爲婦德。有以妾作嫡之象。○問家宅。此宅初時低小。近將改造大廈。○問疾病。是肝木春旺之症。若不順氣寬養。勢將日積日重。頗爲可危。○問貨價。有逐步騰貴之象。○問秋收。風雨調順。年穀豐登。○問行入。一路順風。且積蓄頗豐。○問六甲。生女。

初六。允升大吉。

象傳曰。允升大吉。上合志也。

初居升之始。爲巽之主。升者下也。而允其升者上也。上允其升。則升之志遂矣。上互震。震雷出地。聲聞百里。有升之象。下升上允。志同道合。吉莫大焉。晉六三曰衆允。下爲二陰所信。升初六曰允升。上爲二陽所信。以陰信陰。悔亡而已。以陰信陽。乃得大吉。

(占)問時運。運途大順。求名求利。無不如志。大吉。○問功名。一舉成名。大吉。○問營商。貨價高升。大可獲利。○問戰征。升高窺望。得識敵情。一戰可得勝也。大吉。○問婚姻。兩姓允合。大吉。○問家宅。有出谷遷喬之兆。吉。○問疾病。爻象本吉。於問病獨非吉兆。惟在下痢下陷等症。則吉。○問失物。須就高處覓之。○問訟事。宜上控。吉。○問六甲。生女。

(占例)縉紳某來。請占氣運。筮得升之泰。

爻辭曰。初六。允升。大吉。

斷曰。卦象取地中生木。木得春氣。枝葉怒生。漸增漸大。猶人行運得時。漸入佳境之象也。今占得初爻。是初運也。升者。自下升上。允者。我求而被允。升得其允。

斯升之志遂。升之道行矣。運途得此。所求所謀。於名於利。無不合志。大吉之占也。

九二。孚。乃利用禴。无咎。

象傳曰。九二之孚。有喜也。

二居巽之中。備剛中之德。即爲用見之大人。初欲升五。必先歷二。以求孚於二也。古者求賢審官。得人則告諸宗廟。二既孚初之升。特爲齋祓以進之。上互震。震爲祭。故用禴。巽。孟夏之月。禴。夏祭。用禴者。取柔以時升之義也。禴。祭之薄者。然禴誠求升。雖薄亦孚。在誠不在物也。故无咎。象傳曰。有喜。即象傳所云有慶也。萃六二以柔應五之剛。升九二以剛應五之柔。其至誠感應。則一也。故爻象用禴同。无咎亦同。

(占)問時運。運途得中。必有喜事臨門。○問營商。商業全憑信實。有信賣買進出。無詐無虞。自能永遠。且可獲利。○問功名。定有泥金報喜。○問戰征。出師必祭。

是類是禡。信爲兵食之要。得信則三軍一心。無戰不克矣。○問婚姻。二五交孚。陰陽合德。大喜。○問家宅。主有喜兆。○問疾病。宜禱。○問六甲。單月生男。双月生女。

(占例)友人某來。請占氣運。筮得升之謙。

爻辭曰。九二。孚。乃利用禴。无咎。

斷曰。升者自下升上。有積小高大之象。今足下問氣運。占得第二爻。二爻剛中。爲卦中之大人。孚者信也。得其信。不特上下交通。即鬼神亦能感格。爻象如此。知足下信誼素著。於朋友上下之間。無不交孚。故得无咎。且近日即有升騰喜兆。

○明治二十九年。某貴顯來。爲設立農工銀行。占問成否。筮得升之謙。

爻辭曰。九二。孚。乃利用禴。无咎。

斷曰。卦體坤上巽下。坤爲財。爲富。巽爲商。爲利。五行以我尅者爲財。巽木尅坤土。土爲財。升者積小高大。有漸進漸長之象。今貴下占問銀行生業。得第二爻。

爻辭曰孚。孚者信也。金銀貿易。最要在信。利用者。利於用也。洪範六府。心曰利用。即此旨也。據此爻辭。銀行必成。且有喜兆。

九三。升虛邑。

象傳曰。升虛邑。无所疑也。

升之三巽之終。坤之始也。坤爲虛。亦爲邑。故曰升虛邑。說文。虛大邱。九夫爲井。四井爲邑。四邑爲邱。邱謂之虛。詩升彼虛矣。虛。即墟也。墟爲空曠高地。由井升邑。由邑升虛。可見積小以高大。歷試諸艱。勝任愈快。地日闢而日大。位日進而日高。象傳曰。无所疑。信乎三之升。升之得其任矣。徵諸太王居岐。一年成邑。二年成都。三年五倍于初。爻所言升虛升邑。蓋謂此也。升卦爻象三四五三爻。皆隱指周室之事。

(占)問時運。目下運途恰好。漸進漸盛。○問營商。市廛謂之趁虛。言就虛地。會集貨物而成市邑。可見商業日盛也。○問功名。升本發達之象。初方允。二則孚。至三則已升而在上。可无疑也。○問戰征。經此兵燹。城邑空虛。升虛邑。奪取空城矣。○問家宅。有前空虛。後富實之象。○問婚姻。虛邑。猶空房也。不吉。○問疾病。必是虛弱之症。無疑。○問失物。不得。○問六甲。九三陽爻。生男。

(占例)明治十六年。縉紳某任某縣令。將赴任。請占任事吉凶。筮得升之師。

爻辭曰。九三。升虛邑。

斷曰。虛邑。爲凋敝之地。人煙寥落。治理殊難。非盤根錯節之才。未易勝任也。今貴下新授某邑知事。行將赴任。占得此爻。以貴下練達之才。任此積衰之邑。必能治劇理繁。爲人所難爲。當有措之裕如。无容疑也。可爲貴下信之矣。

○明治廿八年。五月。爲開墾北海道十勝國利別原野。占其成否。筮得升之師。」

爻辭曰。九三。升虛邑。

斷曰。爻辭與占象。悉相符合。可謂深切詳明。曰虛邑。即荒土也。曰升虛邑。是闢荒土而成村落也。初則允其升。謂從事開墾者。志相合也。二則孚其升。謂從事開墾者。必有喜也。三則升已成矣。事雖難。可无疑也。其成必矣。

○明治三十一年。占司法省氣運。筮得升之師。

爻辭曰。九三。升虛邑。

斷曰。象謂積小高大。凡風化之日超日上。政教之日進日强。皆爲升也。今占司法省。欲改設公明之法律。爲內地雜居之準備。得升卦三爻。夫有其邑而不治。謂之虛邑。有其法而不用。亦謂之虛法。玆者司法省新頒法律。將實施之於內地。是升虛而作實也。此令一行。必無阻礙。无容疑慮焉。

六四。王用亨于岐山。吉。无咎。

象傳曰。王用亨于岐山。順事也。

岐山爲周發祥之地。太王荒之。文王康之。時邁。般。告祭喬嶽。岐山當必在其內也。蓋天子祭天地。諸侯祭其境內之山川。亨于岐山。岐山在周境內。周先王實主其祀焉。稱王者。追王之謂也。遷岐山之始。避狄而來。而積小高大。遂成爲王業之基。吉何如也。象傳以順事釋之。蓋隱指文王服事之誠。有順德。無二心也。

此周公不言之旨。合前後爻象觀之。而可知矣。

(占)問時運。事順適。吉而无咎。○問戰征。古者禱戰。祈克于上帝。然後接敵。此即用亨之義也。亨而後戰。其必克矣。吉。○問營商。貨物之生也。多取於山林川谷之間。祭法。民之取財用者。必祭之。謂祭之可獲利也。吉。○問功名。亨於岐山。易侯而王。大吉之兆。○問家宅。宜祭告宅神。吉。○問疾病。宜禱。○問六甲。生女。

(占例)某商人來。請占氣運。筮得升之恒。

爻辭曰。六四。王用亨于岐山。吉。无咎。

斷曰。升卦諸爻。皆言升。唯二四不言升。其義並取於祭亨。謂人欲升騰發達。必先求神明之保也。四爻辭曰。王用亨于岐山。岐山爲太王避狄之地。寖熾寖昌。大啓爾宇。爲周室王運發祥之始。今足下占得此爻。知足下運氣通順。正如曉日東升。逐步增高。財運亨通。其中雖由足下計畫之精。要亦有神助也。宜齋祓以禱之。吉。

六五。貞吉。升階。

象傳曰。貞吉。升階。大得志也。

五以坤德居中。位極其尊。象傳所稱君子以順德。積小以高大。唯五當之。階。天子之阼階也。升之於階。尊之至焉。然不正則爲新莽。爲曹操。其何能吉。古來必如大舜之有鰥在下。側陋明揚。以至命陟帝位。爻曰貞吉。象曰大得志。惟舜有之矣。而阼易之旨。則隱指西伯方百里起。誕受周命之事也。

(占)問時運。平生志願。無不得遂。大吉之兆。○問功名。拾級而登。榮寵已極。○問營商。五爲中數。凡營財之道。不宜過盈。以得中爲吉。故曰貞吉。○問戰征。凡攻城。必用梯階。所以升高也。城必可克。故吉。○問婚姻。五與二相應。爻曰升階。有攀結高親之象。故二曰有喜。○問疾病。升。增也。病不宜升。亂階厲階。皆非吉兆。○問訟事。訟本凶事。是謂禍階。升階則訟愈凶。何以得吉。○問失物。當就階墀間尋之。○問六甲。生女。

(占例)某氏來。請占其女運氣。筮得升之井。

爻辭曰。六五。貞吉。升階。

斷曰。升者謂柔以時升。升得其時。是以吉也。人之氣運。亦以時行。得時則順。失時則逆。唯在當其可之謂時也。今足下占問子女行運。想必爲嫁娶之事也。詩詠迨吉。爲婚姻之及時。階。上進也。升階升而愈上也。是必有貴戚訂姻。上嫁之象。大吉。後聞此女。果嫁某縉紳。

上六。冥升。利于不息之貞。

象傳曰。冥升在上。消不富也。

上居坤之極。升至於上。升無可升矣。如日之升。朝而日出。晝而日中。暮而日入。冥。則昏暮也。坤爲冥。故曰冥升。不息者。晝夜循環之謂也。今日月沒。明日復升。故曰利于不息之貞。坤曰永貞。即不息之貞也。在人之升。至上則祿位已盡。魂升魄散。歸入幽冥之域。凡生前富貴利達。消歸无有。惟此道德勳名。足以流傳於不息耳。故象傳以消不富釋之。此之謂也。

(占)問時運。好運已過。且待後運重來。可以得利。○問戰征。有率軍夜進。誤入幽谷之象。利于息。待天明可出險也。○問營商。防有人財兩失之患。○問功名。升至於上。功名已顯。防身後蕭條。○問婚姻。恐不得偕老。○問家宅。宅運已過。勢必中落。○問疾病。大象不利。升冥者。魂升于天也。○問六甲。生女。恐不育。

(占例)明治二十四年。占國運。筮得升之蠱。

爻辭曰。上六。冥升。利于不息之貞。

斷曰。論卦體坤上巽下。由巽升坤。升至於六。坤位已終。無可再升矣。今占國運。得升上爻。我國家自維新以來。一革舊政。悉效歐米之法。以爲取彼之長。補我之短。以冀日進於富强也。當時使年輕子弟。游學歐米。以習學其文學言語政化風俗。三年學成。歸國。即升爲學士博士之職。使之教授內國子弟。法非不善。意非不良。無如此輩游學子弟。其於我國。向時政教。本未諳諫。即於外國教育。亦徒竊其皮毛。反以揚揚自得。蔑視老成。其間所謂進步者。如海軍陸軍駿駿日上。亦自有可取。而極之教育之原。身心之本。終覺利不勝害。爲可慨也。維新迄今。已二十餘年。升進地步。約計已到上爻。冥升者。爲日已近暮。無可復升。其

增補高島易斷(清刻漢譯原版)(三)　九八三

利在不息之貞。不息者。爲去而復來。循環不息之謂也。蓋謂我國治運所關。凡新法之不善者。皆當反我舊政。以反爲升。猶是日之沒而復升。晦而復明。即所謂不息之貞也。斯之謂利。斯之謂貞。

䷮ 澤水困

卦體本乾坤比。坤以上一陰往乾。成兌。乾以中一陽來坤。成坎。是爲兌上坎下。易位爲節。節象曰。澤中有水。言澤能節水。不使漏溢。有滋潤。無枯涸也。反是爲困。澤在水上。則水無所節。隨瀉隨下。而澤涸矣。上互巽。巽爲木。澤竭則木槁。下互離。離爲日。日以晅之。則水益涸。序卦傳曰。升而不已必困。故受之以困。夫有升必有降。升而不降。上愈升。下愈竭。竭則困。故名其卦曰困。

困。亨貞。大人吉。无咎。有言不信。

困字。从木在口中。木爲陽之生氣。歷坎地則凋。逢兌金則刑。木斯困矣。必自兌而坎。轉而入震。震爲春。爲生。則木道乃亨。古來賢哲挺生。其蒙難艱貞。不知幾經困苦。而始得亨通者。類如斯矣。故曰大人吉。无咎。有言不信者。謂當此困阨之際。身既不用。言何足重。唯宜簡默隱忍。以道自守。若復喋喋多言。反足招尤。

其誰聽信乎。

彖傳曰。困剛揜也。險以說。困而不失其所亨。其唯君子乎。貞。大人吉。以剛中也。有言不信。尚口乃窮也。

困者。如敵之被困於重圍。獸之受困於陷穽。困而不能出。即彖傳所謂揜也。坎。剛也。兌。柔也。九二爲二陰所揜。四五爲上六所揜。內卦坎陽。爲外卦兌陰所揜。謂之剛揜。揜斯困矣。坎險兌說。是困在身。而亨在道也。二五剛中。有大人之象。處困能亨。道得其正。唯君子足以當之。以德則稱君子。以位則稱大人。以其剛中。乃能不失所亨。是以吉也。若文王之幽囚鳴琴。周公之居東赤舄。孔子之被阨興歌。是之謂險而說。困而亨。樂天知命。有非險阻艱難所得奪其志也。兌爲口。故有言。坎爲孚。坎剛爲兌柔所揜。故不信。人當困阨。或陳書以干進。或進立說以矜材。由君子觀之。竊嘆其徒尚口說耳。道既不行於世。言必不信於人。侈侈煩言。益致困窮矣。大人處之。唯在秉剛履中。以濟其困而已。

以此卦擬人事。困囚二字形相似。木在口爲困。人在口爲囚。故困亦有囚禁之義。是人遭窮被阨之時也。困與亨相反。困必不亨。亨必不困。唯君子處之。其身雖困。其心則亨。其遇雖困。其道則亨。所以不失其所亨者。要在能守此貞也。貞則不爲小人之濫。而爲大人之吉。是天之所以玉成大人者。正在此困耳。卦徒以剛爲柔揜。剛陽上升。自升入困。爲柔所抑。屈而不伸。則困。卦體下險上悅。雖居坎險。不失兌悅。所謂遺佚而不怨。阨窮而不憫。唯爭其道之亨不亨。不問其遇之困不困也。卦象爲澤无水。澤固以得水爲潤。无水則澤涸。然澤不以涸而怨水。人亦當不以困而怨命。致命遂志。此君子之所爲君子也。在不安命之小人。一遭困難。勢必怏怏于心。輕擧躁動。始則甘言媚世。用以乞憐。乞之不應。激而發爲怨言。不知因困而有言。卒至因言而益困。是之謂有言不信。尙口乃窮也。玩六爻之辭。多以往爲凶。來爲吉。往者謂欲前往而爭之。是不知命也。來者謂待其來而安之。是能俟命也。易之大旨不外扶陽抑陰。即所以戒小人而進君子。觀小人之處困。困則終困矣。君子之處困。困即爲亨也。

以此卦擬國家。在人爲困亨。在國爲治亂。人不能有亨無困。國亦不能有治無亂。困不終困。秉正以守之。則困亨。亂不終亂。有道以治之。則亂治。亂之由來。在於親小人。遠君子。小人柔也。君子剛也。是柔揜剛也。坎爲險。兌爲說。險則爲艱難。離亂國家。當此。政散民流。上下交困。欲其說而使衆也。不亦難乎。苟其險而能說。以兌濟坎。則險不終險。如太王之避狄遷岐。而終得興周。勾踐之臥薪嘗膽。而卒能滅吳。皆所謂處困而不失其亨。雖亂而終治也。原其所以治亂者。道在剛中耳。剛中指二五而言。二五兩爻。皆得中。五。君也。二。臣也。君臣合志。同濟時艱。猶文王之得呂望。越王之有范蠡。乱而得治。皆二五之功也。是以幽谷不能爲之藏。蒺藜不能爲之刺。葛藟不能之撓。天下事無不可爲。惟在居剛履中。應天順人而已。若徒以空言惑世。則惟口興戎。適以滋亂。其何益乎。

通觀此卦。按蹇需困三卦。皆處險。蹇險而能止。足以避難。需險而不陷。義不至窮。困卦上下三剛。爲柔所揜。而無所容。是困也。彖傳之旨。以險而說。困而亨。爻象之義。以往爲凶。來爲吉。往者自下往上。來者自上來下。來者齟齬而不得合。

往者中外互塞。初之株木障內。三之蒺藜拒中。上之葛藟蒙上。九二在險。九五同德。爲揜困之主。而爲四所隔。四與初應。而爲二所隔。必待四來初。而五乃得與二合。苟三之蒺藜不去。則四未得行。上之葛藟不去。則五亦未得通。故困之害在三上。三上去而可无憂於初矣。總之困之者柔。而爲其所困者剛也。即彖所謂剛揜也。豈知剛困而柔亦困。剛困爲酒食。爲金車。爲朱紱。悅而在下。困亨之象。柔困爲木石。爲蒺藜。爲葛藟。險而在上。困人之象。惟其險而能說則險不爲陷。法坎之信。坎可以濟。得兌之悅。困可以亨。彼酒食朱紱金車。即從木石蒺藜臲卼葛藟而來。其百般而磨折者。正所以試歷而成就之也。困愈深。成愈大。孟子所論天降大任一章。可作爲困卦之註脚。

大象曰。澤无水。困。君子以致命遂志。

井象謂木上有水。取其可汲養也。師象謂地中有水。取其能容畜也。困之象曰。澤无水。无水則無可汲養。亦無所容畜。而澤困矣。坎爲水。亦爲志。君子觀之。謂澤之不得水。猶士之不得志也。孔子曰。得之不得曰有命。命當其困。身可困。志不可奪也。譬如危城孤守。强敵環攻。內兵疲而外援絕。矢窮力盡。一戰身亡。以遂靖共之忠。斯不失見危授命之義也。是之謂君子以致命遂志。蓋命在天。志在我。時當困窮已極。無可奈何。命則聽之於天。志則盡夫在我。爲道謀不爲身謀。計百年不計一日。困而不失其所亨。惟君子能之。

(占)問時運。困窮至此。宜自安命。○問戰征。是爲孤城危急之時。惟竭力圖存。生死在所不計也。○問功名。名成則身難保。身存則名恐敗。唯善自處之。○問營商。貲財既竭。時事又危。爻取往凶來吉。不如歸來。得可免困。○問婚姻。彖曰剛揜。男必夭命。女必守寡。易位爲節。女必能守節成名。○問家宅。宅中有枯井。防致損命。○問訟事。不特訟不能直。且防因訟損命。○問行人。在外困苦不堪。且有生命之憂。○問疾病。腎水虧弱。症象已危。○問失物。墮入深潭之下。不可復得。○問六甲。生男。

初六。臀困于株木。入于幽谷。三歲不覿。

象傳曰。入于幽谷。幽不明也。

坎爲臀。初處內卦之下。臀在人身之下。取坎下之象。象傳曰。澤无水。爲漏澤。臀之象。亦漏下。坎于木爲堅多心。株木爲根在土上者。最在底下。人以臀爲下。木以株爲下。故爲臀困于株木。凡人間居失業。謂之株守。可以爲證。兌爲谷。爲幽。坎爲入。爲穴。爲陷陰。爻亦爲穴。入于幽谷。是陷坎之底。兌爲見。坎爲三歲。坎伏兌下。自初至四。歷三爻。而兌始見。故曰入于幽谷三歲不覿。皆從坎爲隱伏取象。象傳以幽不明釋之。幽。闇也。人當困厄之來。宜審機度勢。擇地而蹈。冀可免厄困于株木。入于幽谷。是困上加困也。亦因其不明所致也耳。

(占)問時運。厄運初來。漸入苦境。三年後可望順適。○問戰征。兵陷險地。如司馬氏軍入壺蘆谷○問營商。是販運材木生意。木在深谷。困於發運。○問功名。卑下之象。名必不顯。○問家宅。宅在深山。人跡罕到。宜于幽人。○問疾病。株木幽谷。有棺槨山邱之象。凶。○問婚姻。男家卑微。恐有遇人不淑之嘆。○問行人。三年後。可歸。○問六甲。生男。

（占例）明治十九年七月。橫濱友人某來。謂本年大阪兵庫等處。虎列剌疫病流行。幸東京橫濱。皆得無恙。不料本月橫濱花咲町。忽有一人陡患此症。爾來僕居隣近。亦有傳染。深爲憂慮。請爲一筮。以決吉凶。筮得困之兌。

爻辭曰。初六。臀困于株木。入于幽谷。三歲不覿。

斷曰。坎爲疾。爲災。顯見有病。卦名曰困。困者難也。卦象澤无水。澤在水上。水必下漏。臀爲孔。是必洩瀉之症。兌爲秋。坎爲冬。病起於秋。延及於冬。是時疫也。今占初爻。爻辭曰臀困于株木。象近棺木。入于幽谷。象近葬穴。爻象頗凶。幸在初爻。病在初發。彖傳曰困亨。明示困之中。自有得亨之道也。入于幽谷。其殆示以避疫之地也。幽谷者。必是深山幽僻之所。三歲不覿者。自初至四。凡歷三爻。四爻入兌。兌爲悅。爲見。至兌則災脫。而心說。可以出而相見也。三者爲數之一變。久則三歲。暫則三月。皆取三也。玩此占辭。君宜暫避於函根伊香保等處。自可無患。某氏聞之。大驚。即日起行。赴伊香保。果得平安無災。

九二。困于酒食。朱紱方來。利用亨祀。征凶。无咎。

象傳曰。困于酒食。中有慶也。

三四五三爻。爲剛。皆困于富貴者也。二與五應。二所云服飾祭享。與五爻同。五雖未言酒食。有祭享必有酒食。義亦可通。坎四曰樽酒簋貳。故有酒食象。困三陰三陽。卦自乾坤來。乾爲衣。亦爲朱。坤爲裳。故有朱紱象。二動體爲萃。萃二曰利用禴。故有亨祀象。按紱。蔽膝祭服。一作韍。玉藻曰。一命縕韍幽衡。再命赤韍幽衡。三命朱紱葱衡。二爲大夫。故祭服用朱紱。二得乾氣。方膺大夫之命。故曰方來。酒食朱紱。謂膏粱足以傷生。文繡因而溺志。富貴之困人。即所謂死於安樂者是也。君子知之。不以酒食自養。不以朱紱自耀。而用諸祭祀。則俎豆馨香。孝孫有慶矣。征凶者。以斯而征。坎險在前。爲三所阻。故凶。幸二居坎之中。故得无咎。是以象傳即以中有慶釋之。

(占)問時運。爻象富貴。運非不佳。惜其不知撙節。反爲富貴所困也。○問戰征。防有因酒食誤事。遂致敗北。主將困而招褫緋之辱。○問營商。因商起家。膏粱文繡。足以榮亨。但再往則有凶也。○問功名。功名已顯。但恐爲功名所困耳。○問疾病。是逸樂過甚。醉飽無度。宜禱。○問家宅。是富貴之家。住宅六神不安。宜虔祭告。无咎。○問婚姻。聘禮始備。采禮方來。一說即成。○問六甲。生男。

(占例)板垣伯占氣運。得此爻。斷詞附載地雷復上爻。可以參看。

六三。困于石。據于蒺藜。入于其宮。不見其妻。凶。

象傳曰。據于蒺藜。乘剛也。入于其宮。不見其妻。不祥也。

初三上三爻。爲柔。皆困於患難者也。柔爻象取草木。三與上應。三曰蒺藜。上曰葛藟。其象相近。三居坎之極。動體爲艮。艮爲小石。象傳謂澤无水。无水之地。泥土皆成砂磧。有石之象。故曰困于石。坎爲蒺藜。蒺藜草之有刺者也。軍中有鐵蒺藜。形似蒺藜。以鐵爲之。布之於地。使敵不能前進。三爻陷下。乘二之剛。欲進不能。欲退不得。有似據於蒺藜。坎爲宮爲入。兌爲少女。有妻之象。亦爲見。三動體爲大過。二曰女妻。五曰老婦。三則曰棟撓。棟撓則宮崩矣。宮之中已闃無人。

何有于女妻。何有于老婦。故曰入于其宮。不見其妻。繫辭謂非所困而困。名必辱。非所據而據。身必危。辱且危。故凶。象傳以乘剛釋據蒺蔾。以三乘二之剛也。以不祥釋入其宮。以不見妻爲凶也。

(占)問時運。命運臲卼。進退兩難。凶。○問戰征。上布矢石。下設阱擭。前進則身多危。後退則營已陷。大凶之象。○問功名。身將不保。奚以名爲。○問營商。卜例。妻爲財爻。宮即命宮。既喪其命。又失其財。大凶。○問疾病。繫辭曰。死期將至。知病不可救也。○問婚姻。防有悼亡之戚。○問失物。不得。○問訟事。必散。○問六甲。生男。

(占例)明治十九年七月。余爲避虎列剌時症。滯留函嶺木賀温泉。東京唐物商藤田某。亦爲避疫而來。止宿同館。出東京來簡示余曰。僕親戚之婦某氏。忽罹時症。不知死生如何。敢請一占。筮得困之大過。

爻辭曰。六三。困于石。據于蒺蔾。入于其宮。不見其妻。凶。

斷曰。繫辭謂困三非所困而困。非所據而據。死期將至。妻其可得見耶。已明示其凶矣。不待斷而可知也。翌日得電報。此婦已死。計其時刻。昨當揲蓍之頃。適値入棺之候。三變爲大過。易以大過爲棺槨。其機更爲靈妙。

九四。來徐徐。困于金車。吝。有終。

象傳曰。來徐徐。志在下也。雖不當位。有與也。

兌爲金。坎爲車。九四震爻。辰在卯。上値房。石氏曰。房主車駕。故有金車之象。四與初應。故相往來。徐徐。舒遲之狀。初居最下。四自外來。爲二所間。疑懼不前。故曰來徐徐。四爲諸侯。得乘金車。是亦乘剛而困於富貴者也。困於坎窞。困在身。困於富貴。困在心。四知初之困於柔。若不知己之困於剛也。乘此金車。徐徐來往。而不能以濟困。車殆馬煩。徒自苦耳。故吝。以陽居陰。爲履不當位。然雖無二五之中。而自有二五之剛。惟剛足以自立。四得其剛。而二五復爲推挽。庶幾相與有成。豈至終困於金車哉。故曰有終。是以象傳以有與釋之。

(占)問時運。運非不好。但地位不當。致多疑懼。未免爲人所鄙。○問戰征。遲緩不進。以致車轍靡亂。幸得救援。不至終敗。○問營商。辦事不力。致運載貨物。中途失陷。急救得全。○問功名。始困終亨。○問家宅。地位不當。爲間分間隔。不能聯合。待遲緩可以買來。乃佳。○問婚姻。綏綏可成。○問疾病。病勢遲緩。已非一日。想是馳驅勞頓。致損。爻曰有終。其命永終矣。○問失物。想遺落車中。尋之可得。○問訟事。遷延已久。今始可罷。○問六甲。生女。

(占例)友人某來。請占氣運。筮得困之坎。

爻辭曰。九四。來徐徐。困于金車。吝有終。

斷曰。君所問在氣運。而君意專在借貸。以借貸論。四下與初應。初爻柔爲貧。四爻剛爲富。當以初爻屬君。四爻屬貸者。在四固有意於初。間爲二爻所阻。致四遲疑。不克速允。四亦未免有吝。爲今之計。二與五應。必須挽五與二說開。則不相阻而相助。斯借貸終得許允也。後挽人向二說之。果得成就。

九五。劓刖。困于赤紱。乃徐有說。利用祭祀。

象傳曰。劓刖。志未得也。乃徐有說。以中直也。利用祭祀。受福也。

兌爲毀折。亦爲刑人。劓截其鼻。刖斷其足。古之所謂肉刑也。五居尊位。爲困之主。是主刑者也。至治之朝。政簡刑清。君民相得。不爲無恥之倖免。而爲有恥之且格。斯可謂之得志矣。若惟恃劓刖之用。自矜明察。上邀受服之榮。下蒙赭衣之苦。檻車纍衣。從見其困而已。故困于赤紱。繫諸劓刖之下也。兌爲口。乃徐有說。弼敎之道。以漸而入。故曰徐。知用刑之不得其志。則齊之以刑。不如道之以德。此爲敎化之漸。而仁義之流。非獨肌膚之效也。道惟在於中直。中則无偏。直者无枉。以此中直而臨民。即以此中直而事神。則服赤紱而薦馨香。而來亨來格。降爾遐福。斯困於人者。必不困於天矣。故曰利用祭祀。象傳以受福釋之。九五陽爻屬乾。乾爲福。福自乾來。即所謂自天受之也。

(占)問時運。命運剛强。剛則必折。防有損傷。作事宜籌度舒遲。乃可變禍爲福。○

問營商。貨物底面。防有潰爛損傷。須拆看收拾。徐徐出售。无咎。〇問功名。防富貴後。致有刑傷。宜禱。〇問戰征。主敗。須徐緩收兵。可圖後勝。〇問家宅。家業却好。主家人有爛鼻跛足之患。宜祈禱。〇問疾病。病在頭足。徐徐調養。求神醫治。可愈。〇問婚姻。主有殘疾。始不合意。後得完好。〇問訟事。防有刑獄之災。須徐徐辯白。方可免罹。〇問行人。在外有災。宜禱。後可得意而歸。〇問失物。必有破傷。久後可以尋獲。〇問六甲。生女。

(占例)縉紳某來。請占氣運。筮得困之解。

爻辭曰。九五。劓刖。困于赤紱。乃徐有說。利用祭祀。

斷曰。劓謂截其鼻也。刖謂斷其足也。困于赤紱。謂富貴而受困也。乃徐有說。利用祭祀。謂舒緩開導。利用酒食以和解也。想足下於朋友之間。嚴厲過甚。令人面目無光。無可退步。今彼故與足下爲難。於廣衆之地。乘足下文繡而來。大施殘辱。是所謂困于赤紱也。足下須降心下氣。徐徐辯白。或復置酒立盟。誓不復記舊恨。乃可轉禍爲福。否則寃寃相尋。無有已時也。足下占得困五爻。爻象如此。余就占而斷。合與不合。足下當自知之。

上六。困于葛藟。于臲卼。曰動悔。有悔。征吉。

象傳曰。困于葛藟。未當也。動悔。有悔。吉行也。

兌爲附決。孔穎達曰。附決爲果蓏之屬。故有葛藟之象。上六居兌之極。與初三並爲陰爻。故象取草木。是謂困於患難者也。上六去坎已遠。似可出幽谷而遷喬木矣。乃重柔不中。不能自立。如葛藟之附物蔓延。搖宕不安。故臲卼。臲卼不安之狀。一作杌隉。文倒而音義通也。欲脫此困。非動不可。然動則不能无悔。故曰動悔。唯知其動之有悔。而審愼以出之。正將因悔以求全。轉以有悔而可往。蓋道以窮而始達。境由苦而得甘。此遷善所以必先悔過也。由此以往。往無不吉。故曰吉。象傳一則以未當釋之。謂其爲柔所困。柔未當也。一則以吉行釋之。謂其以動得悔。悔亦吉也。

(占)問時運。目下苦運已終。本可脫難。緣其心神不安。未能立作變計。一旦改悔。

即可獲。吉。○問功名困窮既久。行將風雲變動。一舉成名。吉。○問營商。困于葛藟。必是包札貨物。久不得售。今當時價發動。即可獲利。吉。○問戰征。爻曰征吉。象曰吉行。其中雖有災悔。定可困悔得吉也。○問疾病。此病必纏綿已久。神志不安。當遷地靜養。自然痊愈。○問家宅。此宅已舊。藤葛叢生。棟柱傾斜。宜動工改作。乃吉。○問婚姻。其中防有瓜葛未清。看其動靜如何。一動之後。斯可成就。吉。○問訟事。纏繞未休。致多臲卼。必待斷結。乃可无事。○問行人。一時被事糾纏。難歸。○問失物。被物繞住。不見。必移動後。乃可尋獲。○問六甲。生女。

（占例）友人某來。請占氣運。筮得困之訟。

爻辭曰。上六。困于葛藟。于臲卼。曰動悔。有悔。征吉。

斷曰。大象曰澤无水。无水則物不得滋養。而无以生發。猶人无財而無以生活。爲困窮之甚也。今占得上爻。上爻。困之終。本可脫困。困卦體柔弱。過甚。如葛藟之施木。不能自立。以致飄蕩不安。若能決然思奮。動而有爲。故曰征吉。所謂征吉。利於出行。不利坐守。足下宜遵此斷而行。後運正佳。

䷯ 水風井

卦體坎上巽下。巽爲風。亦爲木。風善入。木善出。巽在坎下。是入水。又能出水。有桔橰之象焉。坎爲水。亦爲穴。穴地出水。是爲井也。卦自困來。困則澤涸。故无水。反之則有水。坎又爲平。水之平。莫如井。此卦之所以名井也。

井。改邑不改井。无喪无得。往來井井。汔至亦未繘井。羸其瓶。凶。

井。通也。物所通用也。古者建設都邑。必鑿井以養民。即或邑有改遷。而井之制不改。人得井以爲養。而井不因之見損。故无喪。井所以養人。而井不以此見功。故无得。但見往者往。來者來。人之就養於井者。亦未甞歸功於井也。繘所以引而下。瓶所以盛而上。至若繘未下。而瓶已羸。則井爲虛設。而繘亦爲虛懸矣。故曰凶。

象傳曰。巽乎水而上水。井。井養而不窮也。改邑不改井。乃以剛中也。汔至亦未繘井。未有功也。羸其瓶。是以凶也。

巽木入水。象取桔槔。按莊子鑿木爲機。後重前輕。挈水若抽。其名曰槔。即井上轉水轆轤。故曰巽乎水而上水。巽爲繩。故象繘。坎爲虛。故象瓶。以繘繫瓶。所以引水而上也。井有水。取之而不竭。故曰井養不窮也。三陰三陽。卦體本自乾坤來。坤爲邑。坤五化坎。則成井。成井則坤之邑改。而坎之井不變。故謂之改邑不改井。傳曰。剛中。即由坎之彖辭來。剛中指坎五。不盈祗平。井之爲井。在是矣。然井不能自爲養也。必有以汲之。而養之功乃見。繘牽之以下水。瓶盛之以上水。繘與瓶。汲水之大用也。至而未繘。井成虛設。功復何有矣。瓶若更羸。繘亦无用。凶。已可知矣。汔。幾也。繘。綆也。羸。鉤羸也。繫辭曰。井。德之地。取其養也。蓋井養不窮。喻王者政在養民。汲井期於得水。爲政期於得民。不可半途輒止。廢棄全功。

孟子所謂掘井而不及泉。猶爲棄井。亦即此旨。

以此卦擬人事。井節也。井節水以備養。猶人節財以備用也。國有治亂。邑因之改。而井則仍在焉。人汲之無所得。不汲亦無所喪。在井固無關得喪也。人之處財亦然。吾聞有以人棄財者。未聞以財棄人也。攘攘而往者爲財往。熙熙而來者。爲財來。財在地。任人取之而不竭。猶水在井。任人汲之而不窮焉。然汲水非可徒手往也。卦體坎水巽木。坎水爲井。巽木爲桔槹。巽亦爲繩。互體離爲瓶。兌爲口。是井口也。言桔槹以繩引瓶。下入井口。汲水而上。傳所云巽乎水而上水。井之象也。隨所在而不改。井之德也。至若井而未繘。無以上水。水无功也。瓶而既羸。勢將墮井。汲者凶矣。彖爲井言。而不僅爲井言也。凡天下事之節其源而通其流者。皆可作井觀焉。卦以坤五化坎。以乾初化巽。乾爲利。坤爲用。利用者爲財。厚生者爲養。皆人事之切要也。有其養而不知所養。井幾成爲虛器。有其財而不知所用。財終歸於虛糜矣。是非財之咎也。在人之不善取耳。君子所以勞民勸相。爲天下通其源流焉。

以此卦擬國家。井之爲言養也。因民之所養而養之。而井不自知其爲養也。王者以德養民。因民之所利而利之。而王者亦未嘗言利也。巽。入也。坎。信也。井。靜也。入故通。而資之不竭。信故深。而改之不遷。靜故安。而應之不勞。是剛中之德也。君子法井之德。以淵深者修諸己。以汲養者惠諸民。推己及民。利斯普矣。然君子具此德。而遇不遇聽諸天。井能養。而汲不汲在於人。其中或得或喪。或吉或凶。人自招之。君子之德。必不以此而改也。汲水之器有繘瓶。繘而下。瓶而上。其機甚捷。棄而不用。則器廢。而井亦廢矣。爲政之具在德禮。道以德。齊以禮。其化其神。然弛而不張。則具壞。而政亦壞矣。故作易者戒之以无功。惕之以有凶。亦深爲功荒垂成者惜也。

通觀此卦。井反困。序卦傳曰。困乎上者必反下。故受之以井。雜卦傳曰。井通而困相遇也。易位爲渙。渙傳曰。乘木有功。井之取桔槔而不取舟。其用巽。木一也。旁通爲噬嗑。噬嗑。養也。有井養之義。下卦爲革。革者。改也。有改邑不改井之象。要之井爲井。汲之而不窮也。其用取諸養。得地而不改也。其德在夫剛中。或汲而或不汲。於井固无得喪也。此汲而彼亦汲。一任人之往來也。苟若舍其繘。羸其瓶。以爲井不可食也。是自棄其井矣。井固无咎。而汲者凶焉。卦體全象主坎。是爲井中之象。陰虛爲出汲之口。初陰在下。故爲井泥。二承陽無坎。故爲敝漏。三得位應上。故爲受福。四修德補過。故爲井甃。五陽剛中正。故爲泉美。六井養功成。故爲井收。以卦時論之。巽初當春夏之交。水潦混濁。故井有泥。二當離夏。而水多魚。三四兩爻爲秋。秋水澄清。三爲坤。泉洩地上。四爲兌。供其毀折。五六冬也。故井寒洌。上爻終坎。爲水養之終也。大抵下卦坎水流行東南。失時不遇。故不吉。上卦水歸西北。得其方位。故多吉。

大象曰。木上有水。井。君子以勞民勸相。

坎爲水。在上。巽爲木。在下。其象爲木上有水。即象所謂巽乎水而上水之象也。君子玩其象。而修其德。以之勞民勸相。勞。用民力也。勸。勸導也。相。輔相也。坎爲勞卦。互卦兌。兌爲說。說以勞民。兌又爲口。巽爲同。爲交。有同心協助之象。故曰相。天下之民無窮。一人之養難周。君子於是勞來之。勸相之。使比閭族黨相親。貧窮患難相恤。開導誘掖。以盡其相生相養之道。如是則所以養民者。周恤完全。而無一人之漏養者。所謂井養而不窮也。

(占)問時運。目下交木水相生之運。正可相助成事。〇問戰征。有水滅木之象。水軍有阨。宜勞力相助。可以出險。〇問功名。木上有水。有得春雨發生之象。功名可望。〇問營商。有利過於本之象。吉。〇問家宅。此屋棟柱。恐有水濕潰爛之患。宜急修葺。〇問婚姻。坎男巽女。男上於女。陰陽之正也。吉。〇問疾病。腎水暴溢。是妄陽之症。宜急調治。〇問六甲。生男。

初六。井泥不食。舊井无禽。

象傳曰。井泥不食。下也。舊井无禽。時舍也。

舊井者。壞而不治之井也。禽者。轆轤之軸。運繘者也。軸上刻以禽形。故曰禽。或謂軸轉之音。似禽鳴也。初居最下。象井底。水涸泥污。故曰井泥不食。成爲廢井。

井久有毒。故人不食。其井既廢。則轆轤之禽。亦腐朽而無有矣。故曰舊井无禽。
象傳以下也釋井泥。謂泥在井下。故不可食。以時舍釋舊井。謂井已廢舊。故爲時所舍。按魯語取名魚。登川禽。韋昭注。川禽。鼈蜃之屬。易林遯之井曰。老河空虛。舊井无魚。此无禽即蜃蛤魚蛙之類。說亦有據。
(占)問時運。爲時過運衰。不爲世用。〇問戰征。有兵器朽舊。不克制勝之患。〇問營商。貨物陳腐。不可販售。〇問功名。年老無用。〇問家宅。荒蕪已久。不可居也。〇問疾病。是舊症也。不治。〇問婚姻。人品卑下。雖屬舊親。不成。〇問訟事。必不得直。〇問六甲。生男。防難育。
(占例)友人某來。請占氣運。筮得井之需。
爻辭曰。初六。井泥不食。舊井无禽。
斷曰。井既舊。有泥无禽。是廢井也。在人則運退時衰。必見棄而无用也。占者得此。知其人品行卑下。爲人所棄。難望進用之日也。卦爻初與四應。初之舊井。得四修之。即可无咎。今足下猶舊井也。甘辱泥塗。不自悔改。故終爲世棄。不可復用也。

九二。井谷射鮒。甕敝漏。

象傳曰。井谷射鮒。无與也。

井谷者。泉穴也。漢書溝洫志。井下相通行水爲井渠。井固有旁穿孔穴。二動體艮。艮爲穴也。鮒。魚之小者。子夏傳謂蝦蟇。井五月之卦。故有蝦蟇。爾雅翼。鮒。續也。今作鯽。二體巽。巽爲風。風主蟲。蝦蟇與魚。要皆不離夫介鱗蟲類。射鮒者。古有射魚。淮南時則訓。季冬之月。命漁師始漁。天子親往射魚。史記。秦始皇至之罘射得巨魚。井谷無巨魚。所射者鮒耳。甕。盛水之器。與瓶相類。二至四互兌。象兌口。巽在下。象底穿。故曰甕敝漏。即象所謂羸其瓶也。蓋井之爲水。以上汲爲功。而谷水下注。如敝甕之無底者。復何與於井養之功哉。而徒以射鮒爲能。故君子所不取也。

(占)問時運。所得者小。所失者大矣。○問戰征。誤中敵計。軍入幽谷。致破斧缺斨而不得出。〇問功名。弋獲虛名。其何能久。〇問營商。爲貪意外之財。致失本分之利。〇問婚姻。門地卑微。聲名殘破。不佳。〇問家宅。此宅有廢井。井口殘破。水不可食。〇問疾病。是下漏之症。醫治可愈。〇問失物。物已敝敗。得亦無用。〇問六甲。生男。防此兒有殘疾。

(占例)友人某來。請占氣運。筮得井之蹇。

爻辭曰。九二。井谷射鮒。甕敝漏。

斷曰。井曰井養。然井不能自養。亦在人取之以爲養也。乃不取水而取鮒。取非所取。是失井之義也。今足下占氣運。得井二爻。知足下素好學問。亦如井之有源。病在專尙旁門。不務正學。猶是谷水爲井之旁穴。射鮒非井之應得。究何於井養之義也。甕敝漏者。爲言井水下注。如人之流品日下也。爻象實爲足下示警。足下當求通曉世情。躬行實踐。毋徒盜虛譽也。

〇明治三十年。占司法省氣運。筮得井之蹇。

爻辭曰。九二。井谷射鮒。甕敝漏。

斷曰。此卦下三爻爲井中之水。上三爻爲汲水以供用也。故上三爻不吉。下三爻皆吉。我國近來許外國人雜居。一倣歐米各邦規則。定爲法律。在我國人居住歐米各邦者。亦受歐米之保護。故我國亦保護彼國旅人。如出一轍也。今占得二爻。其立法恐有徒貪小利。轉致失其大體。謂之井谷射鮒。甕敝漏。司外務之任者。所宜注意焉。

九三。井渫不食。爲我心惻。可用汲。王明竝受其福。

象傳曰。井渫不食。行渫也。求王明。受福也。

渫。治也。謂治井而不停汚也。初則泥。二則漏。三居巽之終。巽有潔齊之義。故爲井渫。渫則泥去。漏塞。清潔可食。其有不食者。非井之咎也。猶人澡身浴德。惠澤足以養人。當局者莫之知。旁觀者知之矣。我則旁觀自謂也。謂如此清泉。而竟棄之如遺。我則爲之心惻矣。井旣浚治。則可汲而用者。莫如此井也。此而不用。不明甚矣。安得明王出而用之也。是衆人祈禱而求其用者也。王指五。三至五互離。故爲明王。陽爲福。喻王者登用賢才。則德澤畢敷。遐邇受福。賢者之福。即明君之福。亦天下之福也。並受其福。是一井之利。徧及萬家也。

(占)問時運。懷才不用。命爲之也。○問戰征。兵器既修。士卒可用。惜無主將。以致士氣頹喪。爲可惜也。○問營商。明見貨物輻湊。可以獲利。不知販運。徒談無用耳。○問功名。有才無命。爲世所棄。兩年後至五爻。可望登用。○問婚姻。目下不成。至五爻必得成就。須在二年後也。○問家宅。此宅必有舊井久湮。宜渫治之。得食此水。一家獲福。若不渫不食。大爲可惜。○問疾病。必是心神不安之症。宜飲井泉可愈。○問失物。必墜入井。須汲取之可得。○問六甲。生男。

附言井爲震宮五世之卦。凡問疾厄。得下卦多不治。下卦變則瓶體破。不能汲水。即彖辭所謂羸其瓶凶。補治其破。猶病者得醫而治也。凶尚可救。其象如此。余二十年來。屢占屢驗。無一或爽。

(占例)明治二十六年一月。祝賀新年。偶謁某貴顯。貴顯顧余曰。近來有奇妙之易斷乎。余曰。易象精徵。誠心感格。無一奇妙。昨年十月間。與杉浦重剛諸君。會於星岡茶寮。爲占衆議院議會結局。得井三爻。當時政府與衆議院意見不合。勢甚決裂。後上乞天裁。始得平允。是所謂井井有條者也。

爻辭曰。九三。井渫不食。爲我心惻。可用汲。王明並受其福。

斷曰。井。一也。而食者衆。所謂往來井井。有衆之象焉。想井之始鑿。賴衆而成。迨井既成。則衆皆得井而養。喩言議之初建。賴衆而唱。迨議既定。則衆皆依議而行也。故在衆議院。提出查定案。主張人民生活之度。尙多不足。爲之節省官費。整理財政。意在開國家富足之源也。在政府。謂議員不諳政體。不通時事。以致兩議不協。譬如汲水者。來至井上。互論井水之淸濁。而兩下停汲。終歸無用。究何濟乎。局外者未免爲之心憂矣。即所謂井渫不食。爲我心惻者是也。政府既不允議院。議院欲力逼政府。彼此各執一見。遂至衝突。此勢之不能中止也。於是唯有仰求宸斷。即爻辭所謂可用汲。王明並受其福是也。幸聖上至仁至明。能兩酌其平。政府有可讓者讓之。議院有可容者容之。於適宜之中。立豫算之準。以使上下各得其情。斯天下並受其福矣。貴顯聞之。謂余能臆測時事。特假易以立說也。余曰。此乃易理之先機。能貫徹於事前。余不過就易論易。而其時事之應驗。自不能出於易之外也。

○明治二十三年七月。新潟始審裁判所長富田禎次郎氏。來訪。氏。余舊知也。不相見數年矣。得見之餘。互談契濶。氏曰。我今來訪。專爲道謝往年易斷也。乃詳述從前求卜。得井之三爻。辭曰。井渫不食。爲我心惻。可用汲。王明竝受其福。是井水本清潔。無人汲之。井養之功無所施。喩人雖有才德。無人用之。則展布之能無所見。必得明王之賞識。拔而用之。斯不特一人受福。天下竝受其福也。就爻位而推之。以五爻爲任用之日。六爻當大任之時。蓋即在三年四年間也。謂當必有應驗也至今日。斷詞一一靈驗。不爽毫釐。心竊喜之。特來致謝。

六四。井甃。无咎。

象傳曰。井甃无咎。修井也。

甃者。以磚壘井。防井之敗壞者也。此卦三陽爲泉。三陰爲井。初六最下。曰泥。上

增補高島易斷（清刻漢譯原版）（三）　一〇一五

六最上。曰收。四居其間。不失其正。故曰甃。凡井之壞。壞於汚濁不修。而井率至於無用。四能甃之。故得无咎。有四之甃。乃得有五之寒泉。是助五以養人。皆賴四之甃也。甃井之功。不可爲不大矣。

(占)問時運。正當運途改變之時。宜自修飾。不特无咎。可望上進。○問營商。宜整理舊業。自可獲利。○問功名。修身立名。二三年後。可大得志。○問戰征。詩云。修我矛戟。與子偕作。在此時也。○問婚姻。尙須待時。○問家宅。此宅宜改修爲吉。○問六甲。有弄瓦之象。生女。

(占例)橫濱港。町接近居留地。有魚鳥菜獸市塲。此市塲。依各國開港條約所設。其業最爲繁盛。一日有友來。曰近來橫濱市塲上。商人大起爭論。遂至休業。有人欲出而調停。未得處理之方。特請一占。筮得井之大過。

爻辭曰。六四。井甃无咎。

斷曰。就市中商業而論。彼此俱有關係。譬如汲井之用繘瓶也。有井而無繘瓶。則井水將何從而汲。有繘瓶而無井。則繘瓶亦終歸無用。同在此市塲貿易。知益則倶益。害則倶害。兩相鬥。必致兩敗也。今占得三爻。曰井甃无咎。甃者。治也。因井之敗壞而重修之也。今兩家商業。因此一爭。未免敗壞。出而修之者。是在四也。蓋四即爲居中調停之人。得四調停。而後五之寒泉。可以復食。四與五相隔一爻。一爻當一月。則來月必可和解。重復舊業矣。

○占清佛二國爭據安南事由。本年三四月啓釁。至今未得和戰的耗。諸新聞紙所揭。皆由街談巷說。未足信憑。余因先筮清國。得井之大過。

爻辭曰。六四。井甃无咎。

斷曰。卦德爲井養不窮。謂其井之大。而得其養者衆矣。以喻清國之大。物產豐饒。他邦皆願與貿易。受其潤澤。故已汲者去。未汲者來。其貿易之品物無盡。猶井水取之不竭也。但清國航海之術未精。不能由己自輸其物產。譬如井水不能自出。必待人汲之。而後能澤物。故今爲安南事件。雖欲與佛開戰。而終歸不戰者。亦如井水之不能自動。可知清國必不起戰也。萬一清國決計開戰。則於各國貿易。大有障礙。凡局外中立之國。必爲之出而調停。曲意保護。猶是以礴壘井。不使汚濁之得入也。井甃无咎。此之謂也。自井四至革四爻。爲七年。今後七年。清國必有改革之變。由清國不善處變也。諺曰脣亡齒寒。我國亦宜嚴整豫備也。

九五。井洌。寒泉。食。

象傳曰寒泉之食。中正也。

洌。水清也。井水在上。故洌。五爲坎之主。位居中正。坎爲寒泉。辰在子。子水也。屬北方。故寒。按水之性。冬則温。夏則寒。是陰中納陽。陽中納陰。其性然也。井爲五月之卦。是以洌而且寒。孟子曰。夏日飲水。冬日飲湯。當此仲夏。汲此寒泉而食之。爲得其時焉。蓋井自三渫之。四甃之。則泥去漏塞。而五之寒泉乃出。復之者衆。斯受福者亦衆矣。王者德潤生民。單及萬方。亦如是耳。井旁通爲噬嗑。噬嗑。食也。故曰井洌寒泉食。

(占)問時運。家道必寒。幸運得其時。可望進用。○問營商。井出寒泉。喻言財源之長也。可望獲利。○問功名。品行中正。可亨鼎養之榮。○問家宅。有廉泉讓水之風。○問婚姻。家風清白。同甘共苦。夫婦之正也。○問疾病。是外寒內熱之症。宜服寒涼之劑。○問六甲。生女。

(占例)明治二十二年。占山縣伯氣運。筮得井之升。

爻辭曰。九五。井冽。寒泉食。

斷曰。井者所以養人。然不汲之。則井泉雖冽。亦無所用其養。喩賢者澤足惠民。然不舉之。則賢才在下。亦無以施其惠。今占山縣伯氣運。得井之五爻。知伯才德淵深。志操清潔。寒素起家。超升顯要。其惠澤之畢數。一如王明用汲。竝受其福於無窮也。爻曰井冽。喩言伯之氣體清明也。曰寒泉食。喩言下民食伯之德者。恍若一酌寒泉。頓覺胸膈涼爽也。伯之恩惠無窮。伯之榮顯。亦未有艾也。此年山縣伯。果任內閣總理。此占辭。當時上申三條公。與伊藤伯。

上六。井收勿幕。有孚元吉。

象傳曰。元吉在上。大成也。

收。謂轆轤收繘。幕井蓋也。勿幕者。即彖所云往來井井。汲者衆多。無晝無夜。取之不竭。在井固不擅其有。不私其利。任人汲灌。故勿幕也。上居坎之極。偶畫兩開。有勿幕之象。孚。指五。五爲王明。能用汲者也。元吉。元。大也。謂井之利大。故吉。亦大。在上者。謂上在井口。養人之功。從此而出。大成者。謂井養之道。至此而大成矣。凡爻辭陰柔在上。多不吉。在上元吉。唯井一卦而已。

(占)問時運。功德在世。信用在人。大成元吉。運之極盛者也。〇問功名。有大用大受之象。非一官一邑之徵也。〇問營商。商務會集。利益浩繁。可久可大。无往不吉。〇問婚姻。上應在三。三曰竝受其福。知兩姓皆吉。〇問戰征。凡軍將發則徹幕。勿幕。即徹幕前進也。一戰功成。故曰大成。吉。〇問疾病。幕亦作暮。言旦夕可即愈也。吉。〇問六甲。生女。

(占例)明治三十年。占貿易景況。筮得井之巽。

爻辭曰。上六。井收勿幕。有孚。元吉。

斷曰。此卦下巽木。上坎水。即彖所云巽乎水而上水。是爲汲引井水之象。至上爻。則井之功用已成。勿幕者。王弼所謂不擅其有。不私其利也。今外商與我商。從事貿易。我國不自輸出。待外商船運而往。猶井水之待人而汲。內三爻井水不食。爲貨物不能旺消。外三爻則泉美可食。汲取者衆。四爻當七八月。五爻當九十月。上爻已在井口。當十一二月。正是百貨輻湊。消運興旺之時。即在生絲一業。大種輸出。爲貿易最好景況也。果於上半年。生絲商況不振。七八月以後。逐步發動。十一二月。時價漲至千弗以上。悉爲外商所買。國內機織場。反爲之休業焉。

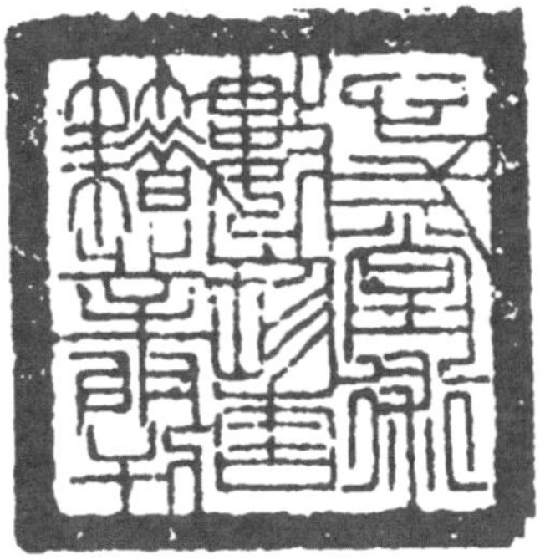